郑渊洁
家庭教育课

郑渊洁 著

天津出版传媒集团

天津人民出版社

目录

每个孩子都是一片大海

束缚大海是不明智的

郑渊洁家庭教育课开课词

我现在写作已经写了四十年，我的第一代读者已经临近五十岁，这些年我经常和朋友们见面，和长大的小读者见面。和这些朋友们见面的时候，大家最感兴趣的，就是和我分享教育孩子的感受。

大家知道我的儿子，几乎是我在家自己教的。他上学时，有一天放学回家问我，他是直接管我叫名字的，他说："郑渊洁，屎是热的好吃吗？"

我一愣。当然咱们今天管"屎"叫"翔"，文雅多了。用咱们今天的话说，就是"翔是热的好吃吗？"儿子当时说的还没有"翔"这么文雅。

我说："谁告诉你屎是热的好吃？"

儿子说当天上学有一位同学迟到了，老师很生气，然后当着全班的同学对这位同学说："像你这样，长大吃屎都接不上热的！"

当时我就很吃惊，因为老师是全国优秀教师。我对儿子说，老师这样说是不对的。儿子就说："那你去找校长，你不是认识刘校长吗？"

我说我不敢。儿子说为什么？我说因为我要是找了校长，老师会知道是我投诉了她。而且呢，她不是说的你，而是说别人的孩子。老师会认为我是管闲事儿，这样以后她会报复你。比如冷暴力，不理你了，这比打你骂你还厉害，对你伤害非常大。

当时儿子说了一句话，他说："郑渊洁，我怎么觉得日本鬼子要是再来你会是汉奸啊？"

这是我作为父亲觉得最无地自容的一次。这样的事情出现多了以后，最后的结果就是我把儿子领回家了，自己教。我当时看了学校的教材，认为值得商榷的地方比较多。孩子获得知识的过程应该是快乐的。给孩子编写的教材，应该寓教于乐，应该把复杂的道理往简单了说，把听不懂的话往听得懂了说，而当时的教材恰恰是反的，是把简单的道理往复杂了说，把听得懂的话往听不懂了说。我就为儿子编写了十部故事体家庭教材，在家自己教他。这是我教育儿子的经历。

十部故事体家庭教材是：

道德篇《罗克为什么不是狼心狗肺》

安全自救篇《皮皮鲁送你 100 条命》

法制篇《皮皮鲁和 419 宗罪》

写作篇《舒克送你一支神来笔》

创新和怀疑篇《脚踏实地目空一切的贝塔》

哲学篇《鲁西西和苏格拉底对话录》

性知识篇《你从哪里来，我的朋友》

史地和艺术篇《309 暗室之木门》

金融篇《皮皮鲁的点铁成金术》

数理化篇《五角飞碟折腾数理化世界》

　　我的女儿今年十八岁。女儿喜欢上学，我想，既然喜欢上学，就要当学霸。今年女儿高三毕业，她是以全校第一名的成绩毕业的，是学霸。她被美国六所名牌大学的本科同时录取。2016年女儿在学校获得了全额奖学金，是全年级唯一的全额奖学金获得者，女儿多次获得奖学金，总额接近三十万元。我的女儿被我培养成了学霸，我从她上小学第一天开始，给她写教育日记，一直记到她高三毕业典礼的当天，每天都记了。

　　如何把孩子培养成在学校接受学校教育的学霸，我有我行之有效的方法。

　　比方说，怎么和老师打交道。作为家长，这个非常重要，直接关系到你的孩子的学习成绩。我们孩子的某一门课成绩不好，你认为这是谁的原因呢？真不是孩子的原因，我认为应该是老师的原因。为什么？这门课的老师不欣赏你的孩子，所以你的孩子上这个老师课的时候，也就不喜欢这个老师讲授的这门课。

我认为衡量教育是不是成功，分数是一方面，其实更重要的一方面，就是看你的孩子对他所学的这门课的兴趣是越来越大还是越来越小。如果孩子对这门课的兴趣越来越大，这个教育就成功了。我们知道，有了兴趣，他长大了以后干这件事情就不累。就像我每天早上四点半起来写作，写作到六点半，这样写了三十二年，我不觉得累，因为我喜欢这件事情，我对它有兴趣。如果老师不欣赏您的孩子，就会直接导致您的孩子对这门课没兴趣。我们知道，对一件事没有了兴趣，就关闭了孩子在某个领域的机会之门。

那么怎么让老师欣赏您的孩子？作为家长，知道如何和老师沟通非常重要。这个沟通我认为是不需要见面的。比如说我和我女儿的老师，可以说几乎都没见过面，但是依然能跟他沟通，也不需要微信和电话。这个就不是学问了，这是一门艺术。是人与人沟通的艺术。怎么跟老师连面都没见，就跟老师沟通、让老师欣赏您的孩子？这方面我有自己的感受和方法，我认为是行之有效的方法，这些在咱们的课程里，都可以交流。

还有的家长老要求孩子的成绩，成绩上不去，他非常着急。其实你了解我们的大脑最喜欢什么食物，最不喜欢什么食物吗？你天天给孩子吃大脑不喜欢的食物、大脑的敌人。你又要马儿跑，又要马儿不吃草。又让孩子考好成绩、考前五前三，那你这不是欺负孩子呢吗？所以给孩子吃什么，也很重要。

我的女儿，她的考试成绩不是一直好的，她在小学和初二之前成绩都是一般的。我认为孩子小学成绩厉害不厉害并不重要，我觉得最重要的就是高三毕业时的高考成绩或者考外国大学本科的成绩，要拿第一。我的女儿高三毕业时的考试成绩全年级第一。之前如何让孩子保存实力，到哪个年级开始发力合适，这些都值得探讨。

《郑渊洁家庭教育课》共四十节课，分四个单元，每单元十节课。

第一单元的题目是：父母合格，孩子才能优秀，如何成为合格的父母。

家庭教育我认为比学校教育重要。这个单元，由我在家教育我的儿子的亲身感受来构成。

第二个单元的题目是：孩子学习成绩中下，如何让他在未来成为成功人士。

大家都想让自己的孩子在全班前三、全年级前十，那总是有达不到这个标准的孩子吧？那一定是的。不可能都是前一啊，并列第一啊，那是不可能的。这句话就叫"童话都不敢这么写"。如果你的孩子学习成绩在班上是中下，你如何让他在未来的人生路上逆袭，反败为胜，成为成功人士？这个单元借鉴的是谁的教育呢？是我的父母对我的教育。我只上过四年小学，那我的父母是如何培养我的？全部都是亲身经历。

第三个单元的题目是：如何教育学龄前宝宝。

我自己上过幼儿园，我的儿女却没上完过幼儿园，但是都去过，儿子和女儿各去过两个月，这个叫"体验式"上幼儿园。人生的这个经历，别让它完全是空白，为了这个去了一下。其他时间都是由我对孩子进行学龄前教育。我的孙女现在四岁。我觉得三岁看大，七岁看老，学龄前教育极其重要，是人生的基础，这一章节我认为特别重要。现在很多家庭也有第二个宝宝了，也要面对学龄前的孩子了。

第四个单元的题目是：我是如何将女儿培养成学霸的。

这个单元根据我给女儿记的这一百多万字的学校教育日记，我依托这个教育日记来跟大家交流。如果你愿意让自己的孩子在学校成为学霸，我可以和你分享一下我的亲身经历和感受。当然也有很多家长对这个无所谓，我欣赏这样的家长。我听说有一些家长会因为自己孩子的学习成绩比较差而带孩子去看心理医生，我觉得做出这样事的家长，不恭敬地说一句，是不是自己已经有病了？刚才说了，孩子学习成绩不好，和孩子没有关系，是家长或者老师的原因。

如果想让孩子成为学霸，可以听听我的经历我的感受。当然我说的这个学霸有一个前提是很快乐，绝不是那种死记硬背型的学霸，而是又有想象力又有好奇心，参加各种学校的活动。比如我的女儿是学校排球队的队员。上高中以后，学校很多活动的视频记录，都是她来当导演当拍摄和剪辑。女儿广泛参加这种活动，还参加戏剧演出。耳濡目染多了，我这个英语二十六个字母都念不全的人，还学了一句英语，叫"抓马（drama）"，可能就是演戏的意思，戏剧。女儿热心于参加戏剧演出。她是这样的学霸。我想很多家长也不会拒绝自己的孩子成为这样类型的学霸。

如果大家有兴趣，咱们就在这四十节《郑渊洁家庭教育课》里交流分享我的家庭教育感受。

第一单元

父母合格，
孩子才能优秀，
如何成为合格的父母

第 *1* 课

家庭教育不是管理，是示范和引导

我常听到一些家长跟我说，头疼孩子上学，头疼孩子的学习成绩。但我很少听到这些朋友说，他们头疼自己。

宋朝有位诗人叫陆游，他的儿子想学写诗，向爸爸请教。陆游对儿子说，你真的要想学写诗，功夫是在诗之外，不用把功夫都下在怎么遣词造句上。其实，写诗的功夫在诗之外，教育孩子也是这样。教育孩子，和孩子本身没什么关系，和爸爸妈妈关系最大，套用陆游的话：教育孩子，功夫在孩子之外。

爸爸妈妈总觉得是孩子不行，实际上说穿了，是爸爸妈妈自己不行。如果没有合格的父母，你的孩子是不可能优秀的。打个比方，有两辆一模一样的汽车，厂牌一样，行驶的里程也一样，岁数也一样大。两辆汽车并排，从北京的西单穿过十里长街开到东单，到达东单以后，这两辆车的耗油量是不一样的。为什么呢？驾驶这两辆车的两位驾驶员的驾驶习惯不一样。那在家庭教育上，父母认为自己是孩子家庭教育的驾驭者。打比方说，孩子是一辆汽车，父母驾驭这辆汽车，希望这辆汽车优秀。实际上，起重要作用的是家长。

家庭教育比学校教育重要，家庭教育能决定孩子的一生。但是有些爸爸妈妈，他们将家庭教育理解为管理，就是管孩子，我说什么，你就要听，我管理你。比如，你该写作业了，你该怎么怎么样了，就是在管孩子。其实家庭教育不是管理，家庭教育是示范和引导。

我们知道，办任何事都需要资质。比如会计要考会计证，开车要考驾驶证，律师要考律师证。唯独当爸爸妈妈不需要考试以获得一个证书，证明有教育孩子的资质。通常爸爸妈妈认为，我生了你我就有权利来教育你，但实际上这比无证驾车性质严重多了。因为孩子本身有可能是有天赋的，但是由于你的教育方法不对，有可能就扼杀了他的前程。这个性质其实比无证驾车还要厉害，因为它直接伤害的就是自己的亲骨肉。

作为父母教育孩子，首先应该研究孩子的特点。因为他是未成年人，未成年人和成年人肯定是不一样的。孩子有三个很突出的特点。第一个特点，模仿能力强。孩子的模仿能力是任何奥斯卡影帝影后都望尘莫及的。孩子是通过模仿来学习、感受这个世界的，这是孩子的第一个特点；第二个特点，孩子的逆反心理非常强。家长在教育孩子的时候，也要充分利用孩子的第二个特点，这个咱们之后再说，第一个单元不涉及逆反心理；第三个特点，想象力丰富。因为孩子刚出生的时候还没有知识，他看到的所有东西要用胡思乱想给出一个解释，这就是推理力薄弱的人想象力丰富。这是孩子的三个特点。关于想象力的事情，会在第5课涉及。

现在来说说孩子的模仿能力。爸爸妈妈需要孩子达到一个什么期望值？比如说他多吃蔬菜，比如说他一回到家就能把作业很高效地写完等等。要想让孩子做到任何事情，你先做给他看，你不用说话。教育孩子最忌讳的就是用嘴。我在作品中写过这样一句话：爸爸妈妈在教育孩子的时候，闭上你的嘴，抬起你的腿，走你的人生路，演示给孩子看。一了百了，效果非常好。

我的孙女现在四岁，我们在家里有一个规定：谁也不能当着孙女拿手机用。如果学龄前儿童见到家长整天捧着个手机，孩子就会模仿，也手机不离手。先不说在孩子的眼睛处于发育阶段长时间看手机屏幕对视力有没有负面影响，单说刚来这个世界时间不长的孩子，不是通过看真实的场景认识这个世界，而是通过手机的虚拟世界认识我们的星球，我认为对孩子的成长不利。所以我们家里如果遇到急事儿，真的有特别重要的电话需要接，我是会去洗手间的，把门插上。所以我的朋友经常会问我，郑渊洁，你们家是不是安了什么滴水景观了，怎么你打电话旁边老有水的声音啊？

作为家长，你希望孩子做到什么，你就演示给他看，他自然而然会模仿你。这个效果特别好。

你不让孩子老玩手机老玩电脑，但是你老玩手机，老玩电脑。如果你当着孩子很少摆弄这些东西，孩子也会和你一样。

有的家长发愁孩子总是玩游戏，这个问题不是出在孩子身上，而是出在家长身上。实际上孩子是觉得跟机器玩比跟爸爸妈妈玩快乐，因为爸爸妈妈不真心跟他玩。

即使你要当着孩子使用手机，我建议你也尝试一下这样使用：大家都有这个经历，开一个很重要的会，这个时候来了个电话，你会小声说，喂，我现在正开会呢，待会儿我给你回过去啊。如果你正跟孩子玩儿的时候，你的手机响了，你当着孩子特别小声和对方说，抱歉，我现在不方便接电话，我正跟我孩子玩儿呢，我们俩正聊天呢，待会儿我给你打过去啊。这样对孩子就是好的教育，他会觉得他在你心目中是很重要的，等于对他的尊严就是一个滋养。任何时候，比如你跟孩子正待着呢，然后电话来了，或者微信什么的，你马上就低着头看，就不理孩子了。包括正跟孩子聊得热火朝天的时候，突然停止了，就不理孩子了。甚至说这种话："爸爸妈妈工作呢。"我觉得最不能对孩子说的话就是"爸爸妈妈工作呢，我不工作咱们家哪有钱啊！"家长应该先把自己调整成合格的父母。身教最重要。

爸爸妈妈回忆一下自己小时候，我们今天的爸爸妈妈曾经也是孩子，我们小的时候曾经有些愿望、幻想：假如自己哪天成了爸爸妈妈，我会怎么着，我绝不会怎么着。可真的当自己成了爸爸妈妈后，就忘了自己小时候。其实教育孩子的时候，多想想自己的小时候，能让孩子得到好的教育方法。我们小时候，有的时候父母的一句话，我们一辈子都记着。大家应该都有这种经历。所以说作为父母，孩子从学校，从幼儿园回来以后，你当着他说的话，都有可能影响他一生。所有话都不能随便说，你要三思而后行，你不知道哪句话会影响孩子一生，所以你只能假设每一句话都可能影响孩子一生。

所以当孩子一回到家里，作为爸爸妈妈，你就要成为一个演员。那你说我不是很累吗？那对啊，因为你想让孩子有出息嘛，你想让孩子成功嘛，你就得演示给他怎么成功。

我们知道演员有两种，一种是本色演员，另一种是演技派演员。家长如何确定自己在家里成为哪种演员呢？就看你对你的孩子的期望值是什么。

如果有一对父母，他希望自己的孩子和自己一样有出息，就一样，那你就 OK 了。我也说一句英语啊，我也卖弄一下，其实我一点英语都不会。以后的单元里，咱们还要专门说说母语和英语的关系，因为我的女儿是学英语的，她高三毕业的时候，托福考试成绩非常高。在之后的四十节课里，我也

图 / 郑渊洁带爸爸妈妈坐豪华游轮出国旅游

你想让孩子将来孝顺你，你怎么办呢？

你就得当着孩子，

孝顺孩子的爷爷奶奶姥姥姥爷。

——郑渊洁

想和大家交流一下学英语的事情。如果你想让孩子跟你一样有出息，那你就省事儿了，就当本色演员，该怎么着就怎么着，就是你的身教。但是如果你希望你的孩子比你有出息，拜托，你就要受累了。在孩子出现在家里的时候，你就要当演技派演员了。打个比方说，你不爱看书，但是我们知道所有成功人士都爱看书。

前几天我刚应以色列政府的邀请去了以色列，在后面的章节，我再详细跟大家分享这个感受。犹太民族人数并不多，在以色列有六百多万人，在美国有八百多万人，基本上这就是他的大头了。可是犹太人掌握了全世界百分之四十的财富，为什么？有四个特点导致了这个现象。

第一个特点就是喜欢阅读。犹太居民家中，几乎家家有书架子。以色列的大街上、地铁上、路边，经常看到的就是人们拿着一本书在看。当然可能因为他们的手机流量不够，应该多给他们建基站去。因为从手机上阅读是一样的。但他们很多人是拿着书的，他们喜欢阅读。如果你想让你的孩子有出息，你却不喜欢看书，那孩子回来以后，拜托你一定要煞有介事地拿起一本书来，当着孩子看。当你看到第三天，你的孩子就要找你要书看了。他会模仿你。当然孩子不认字的时候，你可以找一本随便乱七八糟的书看。反正孩子不认字。但等孩子认字后，你就不要乱看了。皮皮鲁讲堂有位家长问我，说孩子不爱看书怎么办啊？我说你呀，等孩子放学回来，你们两口子一人捧着一本书看。结果他说，果然几天之后孩子就找他们要书了。这就是演技派演员。

你想让孩子将来孝顺你，你怎么办呢？你就得当着孩子，孝顺孩子的爷爷奶奶姥姥姥爷。前一段时间我陪着我爸妈乘坐一艘豪华游轮出国旅游。我发现一个有意思的事儿。这艘巨型轮船上有四千多人，约七百多个家庭，一般都是一家三代人去，都有一个很小的宝宝。但是这些宝宝，都是叫姥姥姥爷，整个船上我就没听到一个叫爷爷奶奶的。我就很奇怪呀，我说为什么都是姥姥姥爷带着女儿女婿、外孙外孙女出来玩，怎么没有爷爷奶奶带着呢？我问他们，他们告诉我说，妈妈说话算数，妈妈不同意带着爷爷奶奶。其实，我觉得如果你真想让孩子将来孝顺你的话，你就要当着孩子的面孝顺孩子的姥姥姥爷，但是也必须孝顺孩子的爷爷奶奶。因为如果万一你生了男孩儿呢，那将来你不就惨了吗？你的儿子结婚以后，你的儿媳不同意带着你们坐豪华游轮一家三代享受天伦之乐出去玩，你们就只有看着你们的亲家跟着你们的后代出去，对吧？所以，如果你想让孩子将来也带着你们出去，就请你们现在坐豪华游轮出去的时候，让姥姥姥爷和爷爷奶奶都有儿孙绕膝远涉重洋的机会。

身教非常重要。作为爸爸妈妈，当你的孩子在家里出现的时候，从幼儿园和学校回来的时候，拜托一定要当演员，演给孩子看。你发现孩子有什么问题，一定是你先有了问题，孩子模仿的，你先改了，他就改了。如果你是天天守着电视看，天天拿着手机，你又不让孩子玩手机、看电视，那你不是欺负人吗？

所以说家庭教育不是管理，而是示范和引导。

第 2 课

我使用了什么方法让我的孩子没有网瘾

我经常听到一些家长很发愁自己的孩子有网瘾，我今天就和大家分享一下我采用了什么方法让我的孩子没有网瘾。

我的儿子在 1993 年是十岁，我让他上学时推迟了一年，七岁上学，我认为六岁上学偏早。七岁上学让孩子多了一年保留好奇心的时间段。我儿子 1993 年上小学三年级，那个时候还没实行双休日，我每周会给他请一天假，等于我提前实现了双休日。我在 1993 年就认为，作为学生，一周休息两天对他的身心发展有益。那时候尽管国家还没实行双休日，我提前自己实行了。我采用的办法是每周选一天给儿子请假，当然，请假只能请病假，老请事假老师肯定是要收拾我的。请病假的理由也比较弱智，我只会给老师打电话说我的儿子今天肚子疼，不去上学了。这样的方法使用多了以后，儿子的班主任有一次跟我说，你一个男孩儿怎么老肚子疼呢，而且一个月疼四次。当时我还没理解老师这句话的含义，后来理解了，我们在家说的时候都笑翻了。

1993 年的一天，我给儿子的班主任打电话，我说我的孩子今天肚子疼，我给他请假。这之前，我的一位叫孟亚辉的朋友跟我说，郑渊洁，你看过电脑吗？我说什么电脑？他说是个人电脑，摆在桌子上，在自己家用。我说没有。他说我可以带你去参观，他在一家电脑公司有朋友，那电脑公司在清华大学。我就开着车，带着我"肚子疼"的儿子，到和平门接上我的朋友，驱车前往清华大学。

那家电脑公司当时正在做一款电脑游戏。我们看着电脑的屏幕，我问儿子，你喜欢吗？你看这里的人还能走动。当时那个游戏是一个酒吧的场景，有人在里面喝酒，可以拿鼠标决定这个人到吧台上去还是回到座位上。我们觉得非常神奇。我问朋友这是什么电脑。他说这个叫486。那个年代的电脑是486，然后到了586，后来觉得老这么顺下去不行，当时就管586叫奔腾。我用"奔腾"写过一部长篇童话叫《奔腾验钞机》，借用了586电脑的绰号。

当时我对儿子说，这个游戏玩起来你一定会喜欢，非常有意思。在那之前我们没有见过电脑游戏。这时候儿子说还行。他就说了这么两个字。我问电脑公司的人一台多少钱，他们说一万五千元。我对儿子说咱们把它买下来吧。儿子说太贵了吧。当时他对电脑并无感觉。我对电脑也没有什么了解，就是直觉这是新事物，应该让我的孩子通过买电脑这件事占先机。如果说让孩子赢在起跑线上，我认为在那个我们国家几乎没有个人电脑的年代这就是让孩子赢在起跑线上。我就跟朋友说，我想买一台486电脑。那时候没有什么品牌机，就是兼容机，说句老百姓的话就是电脑公司自己攒的。

于是我们买了这台486电脑，拿回家了，儿子很喜欢。我也跟他一起玩。平时我们教育孩子时，一定要了解孩子的特点，根据他的特点给他创造一个环境。我觉得除了阅读，其他事都不应该让孩子上瘾。我们要利用孩子的逆反心理，这件事情如果是孩子从爸爸妈妈那里好不容易争取来的，比如他想买一部手机，爸爸妈妈不同意，甚至设条件，说如果你考试怎么怎么样，考多少分，我才买给你。孩子好不容易得来的东西，他会如获至宝非常珍惜，非常喜欢，这样就容易痴迷。但是反过来，如果是爸爸妈妈主动要给他的，他一般不会一直特别痴迷。这是孩子的一个特点。

我的孩子为什么没有网瘾呢？后来他一直也没有网瘾，这跟我在他还不怎么知道电脑时强迫他买电脑有关系。1993 年时电脑还很少。咱们假设，儿子对我说，郑渊洁，我想买电脑。我说不行，电脑这么贵，还会影响你学习。这样一旦他获得了电脑，他就会非常痴迷，容易上瘾。

我还记得当时电脑买回去几天后出了一点小问题，我们解决不了，我们就抱着这台沉重的电脑到清华大学的那家电脑公司去修。修了几次后，我的儿子就能自己在家修电脑了。慢慢地，去的次数越来越少，后来，我朋友的电脑如果出了问题，也都来找我儿子修。我发现孩子对电脑是无师自通的。他不像我们成年人，这个键也不敢按，那个键也不敢按，他们拿到电脑、手机之后，上来就是噼里啪啦一通按，然后马上就掌握了。

过了几年，我们看到一个信息，说在北京国展有一个电脑方面的展览，我就带着儿子去了国展。我在一个展台上看到上面写着"瀛海威"，那是一个经营互联网的电脑公司。儿子说想上网，我问他什么是上网。他说就是用电话线把他的电脑和别人的电脑连在一起。我说这太有意思了。当时由于他是未成年人，我用我的名字在柜台办理了上网手续，交了费。儿子那时候上网我是很心疼的，那时用电话线拨号上网，1995 年我们家一个月的电话费达到 6000 元。但我认为这对儿子有好处，这钱花得值。

有段时间我发现儿子玩电脑游戏有点痴迷，我知道如果我说你要少玩，这一点用都没有。还会起反作用,属于抽刀断水。我采用了什么方法呢?我在我们家的冰箱上贴了一个表格,家里所有人的名字都在上面,我宣布每月要进行一次电脑游戏家庭比赛,第一第二第三都要标出来,大家要努力获得家庭电脑游戏大赛第一名。儿子一看到家里的大人都这样玩游戏,本能地他就不太玩了。实际上孩子有时候玩游戏,是想显示在一方面他比爸爸妈妈强,因为爸爸妈妈很少玩电脑游戏,他在这方面便拥有一种技能比你们强。成年人和孩子在一起时总是有一种优越感,这个优越感是我比你懂得多,我比你年长。有时爸爸妈妈会说一句话:我吃的盐比你吃的米都多。在电脑游戏上,孩子有他平时获得不了的优越感。我自从在家里举办了家庭电脑游戏大赛之后,我的儿子对电脑游戏就不是特别痴迷了。我觉得这个方法可能是有效的。

有一些孩子有网瘾,还有一个原因是他们觉得和电脑游戏玩比和爸爸妈妈玩有意思。因为爸爸妈妈和他们在一起时总是居高临下,总是教训他们。而孩子和电脑游戏玩的时候,他和电脑游戏是平等的,甚至他能驾驭电脑游戏。如果爸爸妈妈能真正平等地和孩子相处,和孩子玩,任何电脑游戏都竞争不过生他养他的两个人和他平等地玩,平等地交流。还有人把孩子送到一个地方治疗网瘾,实际上是爸爸妈妈有问题了,应该先给爸爸妈妈治病。你如果能真心、平等地和孩子在一起,孩子是不会有网瘾的。

我觉得电脑、互联网是上天对人类的一个恩赐,准确地说,是人类自己对自己的一个恩赐。我们任何人都不应该拒绝高科技对我们生活带来的改变。我的儿子会了电脑和能够熟练上网以后,很大地改变了我的事业和生活。1995年的一天,儿子对我说,你应该改用电脑写作,这样会提高你写作的速度和效率。我在1995年开始使用电脑写作。我使用电脑以后,

图 / 郑渊洁和儿子郑亚旗

你如果能真心、平等地和孩子在一起，

孩子是不会有网瘾的。

——郑渊洁

写作的速度大大提高。2000 年的一天我和儿子游泳，在游泳池里儿子动员我申请 www.zhyj.com 互联网域名并帮我建立自己的主页，那时他已经会编写主页。

2005 年时，儿子建议我写博客。2010 年，儿子动员我写微博。到今天，微博和博客极大地改变了我的生活和事业，也改变了读者和我交流的方式。以前读者和我交流都是给我写信，这样的信收到特别多时，我家放不下了，我会买房子放读者的信。有了微博和博客后，读者可以随时随地和我通过互联网交流。

我在儿子比较小的时候跟他说，你过了十八岁我不会再给你钱了，你要自立。他使用互联网后，就开始给别人编主页，有偿的，他就有收入了，为十八岁之后自立挣第一桶金。他自从给别人编主页，给我维护网站之后，哪还有时间玩游戏？这也是让孩子没有网瘾的一个方法。他做了有意义、能够体现个人价值的事情。儿子十八岁以后凭借电脑技能在北京《现代商报》求职成功，并一直干到技术部主任。技术部负责报社网站和报社电脑维修。

说到电脑，说到网瘾，再和大家分享一个故事。当时我给儿子买了电脑之后，发现儿子的变化非常大。他对这个世界更加充满了好奇心。我就想让更多的孩子在年龄很小时接触电脑。我跟清华大学那家电脑公司说，咱们是不是可以生产一批皮皮鲁牌电脑？我们生产了一批皮皮鲁牌电脑，于是有一些孩子和我儿子一样使用上电脑了。今年我去位于深圳的一家在业内名列前茅的上市公司参观。这家公司的 CEO 见了我以后很激动，他说他小时候使用的第一台电脑就是皮皮鲁牌电脑。当时他在《童话大王》杂志上看到我写的童话经常以电脑作为情节，当他看到皮皮鲁电脑的信息后，就请求他经济并不富裕的妈妈给他买一台。他的妈妈居然同意了。这位 CEO 告诉我那是他第一次接触电脑，这台电脑让他喜欢上了科学，喜欢上了未知世界。

第 3 课

我这样对孩子进行孝顺教育

作为家长的我们，对孩子进行各种各样的教育，比如说，情商教育、财商教育、对知识的渴求等等。在这诸种教育当中，和我们家长本身最息息相关的教育是什么呢？是对孩子进行孝顺教育。

我们的孩子如果学习成绩非常好，考上了名牌大学，毕业了以后事业有成，但是他不孝顺父母。我们可以设想一下，作为家长，我们岁数大了以后，孩子功成名就，财源滚滚，但是他不孝顺，你到时的感觉会是什么样呢？

这事关系到我们的晚年。如果出现这样的情况，我们会觉得不幸福，会觉得我们的人生质量下降。我认为，对孩子进行孝顺教育，是对我们家长本身最重要的一个教育，它直接关系到我们作为父母，晚年是否幸福。

我们中国有句老话叫"白眼狼"，应该指的就是这样的情况。我们每一位家长，每一位爸爸妈妈，肯定不希望自己的孩子成为白眼狼。

我对我的孩子是怎么进行孝顺教育的呢？

我在第 1 课的时候，其实已经说了一个我的观点，就是作为爸爸妈妈在教育孩子方面是不需要说话的，我们要当演员，演给孩子看，孩子的模仿能力非常强。我觉得对孩子进行孝顺教育最好的办法，就是你当着孩子，对孩子的爷爷、奶奶、姥姥、姥爷好。这就是最好的孝顺教育。

你不能当着孩子的面，对他的爷爷、奶奶、姥姥、姥爷不孝顺，但是你又经常会跟孩子说，我身上的哪个病是因为你得的，我的事业如果没有你的出生，现在我早就是正局、正部了，但是由于陪伴你、养育你，导致我在仕途上也受到了影响。你以后长大了，挣的第一笔钱是不是会给我呀？以后你是不是孝顺我呀？说这些没有用，因为孩子只看着你怎么对他的爷爷奶奶和姥姥姥爷。

上个世纪八十年代的时候，我们中国的经济还不是特别富裕。那时候出国会有两个指标奖励给你，一个叫"大件指标"，一个叫"小件指标"。大件指标能买什么呢？冰箱、彩电。小件指标就是电子琴、微波炉这些东西。

我在 1986 年出了一次国，是去菲律宾，回来以后我就获得了两个指标。当时北京的出国人员服务部在和平里一带。那时还没有私家车，我借了朋友的一辆车，带着三岁的儿子郑亚旗，去了出国人员服务部。

我买了一台电视。那个电视我当时看了感觉很神奇。在这之前我见过的电视，里边屏幕的角都是圆的。可那台电视屏幕的角是直的。它的名字叫直角平面电视，在当时是很厉害的电视。

我买这台电视的时候，还有一个细节。这台电视机刚一开箱，我就说，这个电视我不要。

出国人员服务部的工作人员说，为什么？

我说质量不好。他说怎么质量不好了，你还没有开机呀。

我说，你看电视的零件都掉出来了。他说哪个零件掉出来了？

我拿出一个黑色的长方形的东西。我说，这个零件都掉出来了。那位工作人员说，同志，这叫遥控器。在那之前我们看电视，想转换频道要站起来，然后走到电视机前去按电视机上频道转换的按钮。有遥控器的电视机我从来没见过，这是头一次。

咱们在第40节课还会讲到电视机遥控器对我们的身体的伤害。比如有的孩子很肥胖，因为运动少。其实肥胖也导致他的学习上会出现一些问题。

当时我们就拉着这台电视机，离开了出国人员服务部。汽车走着走着，我的儿子郑亚旗发现路线不对，他说咱们这是去哪儿啊？我说去你爷爷奶奶家啊。他说为什么现在去爷爷奶奶家呢？我说，把这台电视给你爷爷奶奶送去。

儿子说这个电视咱们自己不看吗？我就告诉郑亚旗，从理论上来讲，咱们会比你爷爷奶奶活得长吧？他说对。我说，咱们将来别说看直角平面电视……因为当时我说不出来背投啦、纯平啦什么的，所以我当时就说了一句能够让我的儿子一下就理解的话。我说，咱们将来看原子弹电视的机会都会有，所以这台电视应该先给你爷爷奶奶看。他说知道了。这样我们就开着车，把电视给我爸爸妈妈送去了。

过了几天，我们全家人在一起吃饭。那个时候，包括现在的爸爸妈妈，都是有了好的先给孩子吃。在什么情况下，一个人有了好吃的，自己不吃，让别人吃反而比自己吃还痛快呢？应该只有爸爸妈妈对孩子。当时我们北京有一个红桥市场，在天坛东门附近。我去红桥市场买了几只特别大的对虾。儿子吃完了一只后，看到我那只没吃。他说，郑渊洁你怎么不吃呢？我说，不知道为什么，我现在对虾过敏，你吃吧。

图 / 郑渊洁和小时候的郑亚旗

你希望孩子超越你，

那你的言谈举止就要和你自己不一样，

成为演技派演员。

——郑渊洁

　　所有大人跟孩子相处的时候，都要清楚这一点：孩子是非常洞察一切的，他明察秋毫之末。大人说的所有话孩子是非常清楚的。当时我的儿子说了这么一句话，他说，郑渊洁，这只对虾你就吃了吧，将来我吃原子弹虾的机会都有。

　　这件事说明我对儿子的孝顺教育成功了。今天的爸爸妈妈跟我们那个时候不一样，我还有弟弟妹妹，今天的爸爸妈妈绝大部分应该都是独生子女。因为你爸爸妈妈只有你一个孩子，有了好东西、好房子、好吃的、好电器，你是不是当着你的孩子，先给孩子的爷爷奶奶和姥姥姥爷用？如果不是这样的话，将来你老了，你的孩子就有可能不孝顺你。

　　还有一件事情，我觉得孩子从小就应该对他进行这样的教育，就是培养他的自立精神。要告诉他，到十八岁以后我就不会再管你，你要自食其力，因为你已经是成年人了。

　　有的爸爸妈妈是这样的，孩子十八岁之前，除了学习上，要什么不给什么，比如要手机、电脑、游戏机，家长都不给，怕影响学习。孩子过了十八岁以后，买房子、买汽车，爸爸妈妈反而都要赞助。这个真是害了孩子。我觉得对于男孩，只管到十八岁，过了十八岁之后，要什么我都不会给了。我的儿子就是这样的，他过了十八岁以后没再花过我一分钱。对于儿子只管到十八岁，但对于女儿要管到八十岁。这可能也值得商榷，因为女孩应该也能自立。我在家常说这句话，结果导致了一件事情，我会在第四单元的课程中告诉大家发生了什么。

　　从小要培养孩子的自立意识，但你必须得提前说，不能孩子到了十八岁，就像关水龙头一样，不给孩子任何经济支持了。这样的话他没办法自立。要提前说，这样孩子也会有能力，他长大了会孝顺你。这样才是相辅相成。

爸爸妈妈们可能会想，那这样真的是全程在当演员，会很累。

最近，我参加演出了一部根据我的作品《驯兔记》改编的电影，我在剧中客串一个角色，知道了当演员真是不容易，一个镜头一个镜头地拍，然后导演就说 NG，意思是没通过。导演一说过了，演员会特别高兴。有一次好不容易台词也说对了，表情也对了，结果这时候天上过来一架飞机，又要重拍，因为拍摄的时候是同期录音。所以当演员真的是很不容易，但是我们又必须当好演员，因为我们教育的是自己的孩子。

我们哪怕自己多受一些苦，也绝对不能够随随便便说任何一句话。只要孩子出现在家里面，我们就要像演员那样，一定要把戏演好，让它能过。我教育孩子的时候，经常会想：糟糕，我这话说错了，NG 了，我还要弥补回来。如果过了，我心里就说，哇，过了！大家可能想，这样真的会很累。确实很累。教育孩子最不能做的事情，就是随心所欲，信口开河，你一定要每句话都要三思而后行，每一个行动每一个行为都要考虑它对你的孩子会产生什么样的影响。

我们知道，演员有两种，本色演员和演技派演员。作为家长，你如何决定自己是当本色演员还是当演技派演员呢？很简单，如果你希望你的孩子跟你一样有出息，你就要当本色演员，你该怎样就怎样。如果你希望你的孩子比你有出息，那挑战就来了，你就要当演技派演员了。因为你平常的言谈举止导致你成为今天的你，如果你希望你的孩子超越你，那你的言谈举止就要和你自己不一样，成为演技派演员。

第 *4* 课

为人父母，孩子的安全是头等大事

2016 年 10 月，我作为中国公共外交代表团的成员，访问南美洲的智利。10 月 25 日，我们参观中国企业在智利的一个工地。

到工地时，我走在前边，我的身后是敬一丹。我看见一群跑过来的工程人员对我说："郑老师，我们特崇拜您。咱们可以合影吗？"

我说当然可以。我站在原地，摆好姿态调整笑容。然而工程人员们经过我时并没有停步，他们跑到我身后和敬一丹合影。原来他们不是说"郑老师"而是说"敬老师"。从那以后，我再和敬一丹一起参加活动，会刻意和敬一丹保持距离。

造成这种尴尬源于我的判断失误。我们从出生到离开这个世界，做的最多的事情，应该是判断。我接触过一些成功人士，我观察他们，他们都有出色的判断力。他们的成功，离不开判断力正确。

作为父母，最重要的判断力我认为是教育孩子的判断力。我和敬一丹在智利时，我的判断失误，只会带来一时的尴尬，如果家长在教育孩子时判断失误，就不是尴尬这么简单了，可能抱憾终生。

有了孩子，成为爸爸妈妈，我们需要做出一个重要的判断：为人父母，对于孩子，最重要的事是什么？

1983年6月，我有了儿子郑亚旗，我成为父亲。当我第一次抱起儿子时，我就想，有了这个因为我而出生的小生命，我会养育他十八年，他十八岁之后就自立了。在我养育他的这十八年中，对于我，最重要的事是什么？我需要做出判断。

我认为，对于父母，头等大事是孩子的安全。据《人民日报》2015年11月30日报道，我国每年有超过二十万名儿童因意外伤害死亡，平均每天有五百四十名孩子因意外伤害死亡。我认为，这其中大多数意外伤害是可以避免的。如果我们的孩子从出生起就接受到位的安全意识培养，如果我们的孩子有强烈的自我保护意识，孩子就能规避风险和意外伤害。

有的父母忽视孩子的安全教育，他们的目光只盯在孩子的学习成绩上。孩子学习成绩再好，如果缺失自我保护意识，被意外伤害夺走生命，学习成绩就失去了载体，成为没有任何意义的数字。毕竟我国每天有五百四十位孩子在意外伤害中失去生命。

我小时候听说猫有九条命，很是羡慕，那时我觉得每条猫都是长生不老的唐僧。我第一次抱着儿子时，我就想，我给了你一条命，你出生了。作为父亲，我要在你出生后再送你100条命。教给孩子防范100种危险的方法，让我的孩子从小成为有安全意识的人，有自我保护能力的人，平安一生。有了安全的人生，再往这个平安的载体上装东西，比如道德品质，比如知识，比如孝心，比如敬业意识等等，作为父母，这样就不会白忙活。毕竟我国每天有五百四十个家庭因意外伤害失去孩子。

那么怎样对孩子进行有效和到位的安全教育呢？孩子的本性拒绝说教和枯燥。通过故事寓教于乐对孩子进行安全教育效果最好，孩子最容易接受。

我就给我的儿子编写了通过故事寓教于乐的安全教材《皮皮鲁送你100条命》，教给郑亚旗防范100种危险的方法。第1条命是交通安全，在路边下车一定要从右边的车门下车，要用左手开车门。用左手开车门身体会面对车门，眼睛的余光能顾及车后，避免因开车门撞到行人。

第19条命教给孩子怎么防性侵。性侵孩子的大都是熟人，老师、亲戚、邻居等性侵孩子的发案率高。教给孩子如何识别对方居心不良，如何规避或有效制止对方。2013年10月24日，中央电视台《晚间新闻》邀请我在节目中直播教全国的孩子怎么防性侵。

有的家长可能会说，性侵孩子的毕竟是少数，教给孩子防性侵会不会让孩子对世界失去信任？我们都知道，并不是所有孩子都会得乙脑，但是孩子从出生起我们就会给所有孩子注射乙脑疫苗。对孩子进行防性侵教育和这个道理一样，不是所有孩子都会遭遇性侵，但是我们要对所有孩子进行防性侵教育，因为那是我们的孩子。我们知道，孩子一旦遭遇性侵，对孩子一生都会有负面影响，严重影响孩子身心成长。

《皮皮鲁送你100条命》第22条命，别把笔变成匕首。我上小学时，邻校有同学在课间休息时玩笔，失手戳瞎了同学的一只眼睛。我通过故事告诉儿子，笔能写出千古文章，也能伤人。

第35条命教给孩子遇到水患怎么逃生，比如暴雨比如洪水，比如乘车时遇到暴雨如何确保安全等等。

如果家长们有需求，等《郑渊洁家庭教育课》的四十节课结束后，咱们

再开"皮皮鲁送你100条命安全教育课",由我通过故事寓教于乐教给孩子们防范100种危险的方法。希望这个课程能降低我国的儿童意外伤害死亡率,让我们的孩子都平安。

表面看,对孩子进行安全教育只是事关孩子的安全,其实不然,如果只看到这个层面,说明我们的判断力还不出类拔萃。对孩子进行安全教育,能让孩子感受到父母对他的爱。懂爱,是孩子成为优秀人物的基础。父母对年幼的孩子进行安全教育,还能影响孩子的价值观。

2008年的一天,我应邀到长沙参加湖南卫视一个节目。候场时,我身后的一位年轻人对我说,他从小看我的书,他在石家庄长大,高中毕业后,他没上大学,直接创业,成为当时中国最年轻的亿万富翁,他叫李想,是中国汽车网和泡泡网的创办人。

后来我邀请李想做客我当主持人的脱口秀节目《郑氏胡说》。我问李想，父母对他走人生路影响最大的事是什么？李想说，是父母和他一起过马路，人行横道的红灯亮时，即使马路上没有一辆车，父母也不会过马路。这件事对李想影响最大。我问，这件事只是父母用身教对你进行交通安全教育，怎么会成为对你走人生路影响最大的事呢？

李想说，这件事让我从小就知道了做事要遵守游戏规则。随着我长大，我不管做什么事，都要遵守规则。

您看，您如果和孩子一起过马路时，人行横道上红灯亮起时您也带着孩子视死如归过马路，您的孩子潜意识里就埋下了做事可以无视规则的种子。这颗种子随着孩子年龄的增长，渐渐在孩子心中生根发芽长成参天大树，将孩子人生道路上的阳光遮挡，让孩子的一生蒙上阴影，后患无穷。

所以说，对孩子进行安全教育不单单是为了身体的安全，还能让孩子的价值观安全，判断力安全。

我原来是个胖人，体重达到一百公斤。我过六十岁生日时，郑亚旗说想和我签个合同。我说什么合同这么重要，要在我过六十岁生日时签？儿子说他的公司的投资人是做长线的，投资人希望我多活。因为中国的著作权法规定作者去世五十年后，作品就进入公有领域了。这是郑亚旗开玩笑，我认为作为家长，培养孩子的幽默感和自嘲精神也重要，这方面我在以后的课程会涉及。儿子的真实目的不言而喻，他是希望通过这样的方法让我注意身体健康，他知道我重契约。于是我就在六十岁生日那天和家人签了再活五十年的合同。

刚才说了，我是特别守约的人。签约后，我认为体重超标是妨碍我再活

图／减重五十多斤后的郑渊洁

对于父母，头等大事

是孩子的安全。

——郑渊洁

五十年的拦路虎。于是我决定瘦身。刚才说了判断力的重要，找瘦身方法就是检验判断力的机会。经过各种判断，我找到了不少吃一口，不多走一步，不去健身房，不服用减肥药物，不通过任何医学治疗，就能迅速瘦身的方法。我在不到一年时间里，减掉五十多斤体重。大家看到我的照片，我已经是体重正常的人了吧？其他事说话算数不算数不重要，体重一定要自己说了算，健康一定要自己说了算。大家如果有需求，我就在这个课程结束后，将我的减肥方法告诉大家。

第 5 课

向孩子学习，和孩子一起成长

有一次，一位女记者采访我。她一进来就说，郑老师，这是我第二次采访您。

出于礼貌，我说，怪不得你一进来我看着你眼熟。

那记者说，她第一次采访我是电话采访。

我无言以对。我之所以会犯这个错误，是因为我认为这样回答是尊重对方。如果我说，我不记得了或者我没有印象，我感觉不礼貌。尽管我的出发点是好的，但依然会办错事。

作为父母，在教育孩子时，经常会对孩子说，我这是为你好。然而出发点好不代表效果好，就像我和那位采访我的记者刚见面时的寒暄对话。

现在我外出，喜欢使用手机导航，不管是开车还是乘坐公共交通工具或者骑自行车或者步行，都使用手机导航。问路对于我已经成为历史。手机正确导航的基础是什么？首先要有自己的准确定位，没有自己的正确定位，导航系统无法协助你顺利抵达目的地。

定位是走正确道路的基础。作为家长，在教育孩子时，首先要给自己定位。定位错误，教育效果就会出现偏差，甚至和家长期望的效果南辕北辙。

家长和孩子相处，家长的定位无非有三种：第一，家长将自己定位为孩子的父母、长辈、管理者、师长；第二，家长将自己定位为孩子的朋友；第三，家长将自己定位为孩子的学生。

有家长可能会说，前两种定位还算正常。第三种定位，也就是家长将自己定位为孩子的学生，孩子反客为主成为父母的老师，用你郑渊洁的话说，岂不是连童话都不敢这么写？

2016年2月21日我去了位于西班牙巴塞罗那的毕加索故居。在毕加索故居，我看到毕加索说，他在二十岁时画的画已经达到意大利文艺复兴时期大师级水平，可他到六十岁时才画到五岁孩子的水平。

很多画家活着的时候穷困潦倒，去世之后画才升值，比如梵高。可是毕加索活着的时候他的画就能卖出很高的价钱。有记者问他成功的原因，毕加索说这是他终生向儿童学习的结果。

我们所有人从妈妈肚子里生出来之后，身上有一种特别可贵的东西，大家一样多，这个东西是想象力。

如果没有想象力和好奇心，你的知识再丰富，也不能进行创造发明，你只能给你从事的这个领域的最后一个权威打一辈子工、当一辈子奴隶，只能重复前人的知识。

什么人才能进行发明创造呢？有想象力和好奇心同时又拥有知识的人。我们从妈妈肚子里出生时，携带的想象力是一样多的，谁也不比谁多，谁也不比谁少。后来想象力去哪儿了呢？随着我们学习的知识越来越多，我们会觉得之前童稚时期对事情的解释是胡思乱想，就会抛弃它，成为一个相信科学的人。这没错。可是如果一个人只信科学，没有任何胡思乱想，没有想象力，是不能进行发明创造的。传说牛顿坐在一棵苹果树下，突然一个苹果从树上掉下来，砸在牛顿头上。一般人会认为苹果往下掉是天经地义的事。但是牛顿胡思乱想了，他想这个苹果为什么往下掉不往上掉呢？他顺着自己的想象力追根寻源，然后万有引力定律就姓牛了。如果您的孩子想，为什么这个苹果不横着飞出去，那么下一个物理学的伟大发现可能就属于您的孩子了。但是您不会允许您的孩子这么想。据说数十万个人里只有一个人在获得知识的同时能留住想象力和好奇心，数十万人中只有这一个人能进行发明和创造，剩下的人不能。

问题就来了，这很少的能进行发明创造的人的想象力是怎么留下来的？为什么只有很少的人在学习知识的时候能留住想象力，而我们绝大部分人在获得知识时和想象力拜拜了？我们的大脑有个习惯，一山不容二虎，上学前让想象力居住，上学后只让知识入住，驱逐想象力。这个过程是怎样的呢？

打个比方，一位孩子上学之前想象瓶装矿泉水是矿泉水树结出的果实。上学后老师告诉他矿泉水的科学原理的时候，他如获至宝，同时认为自己早先关于矿泉水是矿泉水树上结的果实的想法是错误的，就抛弃了它。但是这些孩子里面有一个人，不管老师怎么告诉他矿泉水的科学原理，他就是顽固地认为矿泉水是矿泉水树结出的果实。老师把他的家长叫来。这个人上了一个月小学就被开除了，他的名字叫爱迪生。他后来有一千多项发明。当然爱迪生那时还没有瓶装矿泉水，咱们就是拿瓶装矿泉水打个比方。

很少的人在获得知识的同时留住了想象力和好奇心，这些人应该是在父母的支持下留住想象力和好奇心的。

我们要做的一件重要的事是留住孩子的

好奇心和想象力。

——郑渊洁

作为父母，我们要做的一件重要的事是留住孩子的好奇心和想象力。如果您希望自己的孩子能发明创造的话。

孩子上学实际上是用学到的知识建造一艘船，孩子获得的知识越多，记得越牢，这艘知识的船就建造得越大、越坚固，等孩子长大成人后驾驶它去远航，体现人生价值。

想象力是什么呢？是水。没有水，孩子的这艘知识的船寸步难行。刚才说了，所有的孩子从上学的第一天开始，他是带着满脑子的想象力来学校的。能不能不要在孩子刚上学的时候，给他脑子里的想象力上一把锁？应该让他既有水又有船。如果只有想象力的水，没有知识的船，你也不能体现人生价值，你不能像菲尔普斯那样游着泳跟别人的船比赛吧？

我们的爸爸妈妈有了孩子后，获得了天上掉馅饼的重新找回想象力和好奇心的机会，因为家里你的身边平添了一个想象力的核反应堆，孩子的想象力能"株连"到父母，让父母成为又有知识又有想象力的创造型人才。毕加索说的他的成功的秘诀是向儿童学习，就是这个意思。父母有了孩子，其意义是上天恩赐给你一个想象力的免费导师。父母生了孩子，最大的收获是通过孩子把失去的好奇心和想象力找回来。还有更重要的，如果爸爸妈妈向孩子学习找回想象力，有利于留住孩子的想象力。当孩子看到自己的胡思乱想被爸爸妈妈如获至宝时，他就会珍惜想象力和好奇心，在获取知识的同时，留住想象力。

遗憾的是很多家长没有意识到这一点，他们甚至想，我有了孩子以后"我要教育他""我是你的老师"……那您真的是抱着金碗要饭。您好不容易有一个找回好奇心和想象力的机会，您毅然放弃了，你们两口子加上爷爷奶奶姥爷姥姥还要联手把孩子的好奇心和想象力扼杀掉，让孩子当一个知识非常丰富非常渊博的人，但是一辈子不能进行创造发明。

我的儿子出生后，我如获至宝，我清楚，这个小生命会让我找回想象力和好奇心，因为他年龄越小时，他和我说的话越能激发我的灵感。郑亚旗刚学会说话时，我每次和他用语言交流都会使用录音机录音，之后反复听录音，还做笔记。一岁多的儿子说的话真的比大学教授讲的课还令人浮想联翩无数次让我欣喜。那时郑亚旗总是问我，你为什么和我说话时老是录音？我告诉他，听重要的人讲课，会记录，担心漏掉重要的内容。

家长向孩子学习，对于滋养孩子的尊严效果非常好。有尊严的孩子做事自信，遵守游戏规则，价值观正确，远离坑蒙拐骗。

有一次，我家的小收音机不知怎么掉到了沙发底下，当时我坐在沙发上拿勺子刮苹果泥喂郑亚旗吃苹果，沙发下边传出收音机里的音乐声。我说哪来的声音？儿子说，咱们家的沙发里会不会有个乐队？几天后，我的作品《红沙发音乐城》诞生。

自从有了孩子，我就将自己定位为孩子的学生，向孩子学习。我在皮皮鲁讲堂讲课时，规定所有孩子管我叫郑同学，我管所有孩子叫张老师李老师。

在家里，我要求孩子对我直呼其名。摆正关系，找好定位，事关孩子是否优秀。

我们有时会想，假如能再重新活一遍，我一定接受教训，我会怎么怎么活。其实，当您有了孩子，其实质就是您重新活了一遍。我们有时还会希望有拥有魔法的超人保护我们。其实，当您有了孩子，其实质就是您一分为二，您的另一半重新活了一遍，您就是那个有魔法的超人，呵护自己的另一半重走一遍人生路。多刺激多激动人心的事，想想就会让人潸然泪下，我们有什么理由不让令自己重活一遍的那个孩子幸福健康成长，在人生的路上与人为善出类拔萃大展宏图？

2013年12月3日，英国首相卡梅伦访华时和我单独见面，见面地点是上海展览馆。我和卡梅伦聊起家庭教育。他认为作为家长，向孩子学习很重要。我们交换了向孩子学习的育儿心得。我说我从1978年开始写童话，写到1983年时，已经有弹尽粮绝的感觉，我毕竟是成年人，童心和我渐行渐远。这时，儿子出生了，我通过向孩子学习，获得源源不断的童心，返老还童，创作出大量作品。儿子成年后，刚出生的女儿又继续给我提供让我学习的机会。女儿有一次去医院，她问我，是不是所有病菌都住在医院？于是，我的作品《病菌集中营》问世。

有的爸爸妈妈可能会说，你郑渊洁是写童话的，向孩子学习有用。其实，从事所有职业都需要童心都需要想象力。有了想象力，不管从事什么职业，您都能进行创造发明，由此脱颖而出，加薪升职，早日获得财务自由，反过来让您的老师也就是孩子受益。

生了孩子后，不向孩子学习，只想着怎么教孩子怎么管孩子的家长，属于深入宝山，空手而归。

图 / 2013 年 12 月 3 日，
英国首相卡梅伦和郑渊洁单独会面

家长向孩子学习，

对于滋养孩子的尊严效果非常好。

——郑渊洁

第 *6* 课

在外和颜悦色，在家声色俱厉的家长，
孩子会怎么样

2016 年 12 月 13 日，我的助理接到中央电视台一个新建立的节目组的电话，这档还从未播出过的新节目叫《朗读者》。节目组邀请我和父亲郑洪升去央视录制《朗读者》，我和父亲一起朗读我写的作品《父与子》。

我当即拒绝。我说我的弱项是朗读，我不会用丹田说话。我还说，如果我在央视朗读自己的作品，可能以后就没人买我的书了。我拒绝后，节目组的美女编导不依不饶死缠烂打坚持邀请，她说朗读时如果不会用丹田说话，真情可以弥补，还说我和我爸爸之间的故事会打动很多人，当观众被真情打动时，往往就分不清声音来自丹田还是嗓子了。

最终我被编导说服了，但还是忐忑不安地和八十五岁的老爸一起到《朗读者》的棚里朗诵我的作品。节目播出后，好评如潮。著名新闻节目播音员小康给我发来微信说看了节目很感动。我说见笑了，我不会用丹田说话。他说用心田说话更重要。

大家在生活中都希望听到好声音。这件事情告诉我，动真情能让声音变得好听。好的内容也能让声音变得好听。在好听的声音陪伴下成长的孩子，

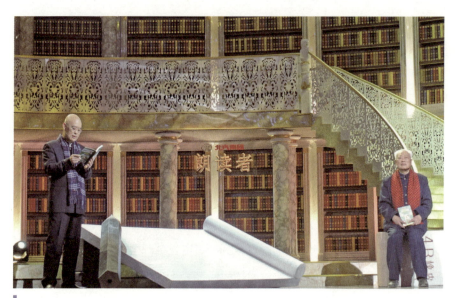

图／郑渊洁和父亲郑洪升一起参加央视《朗读者》节目

在好听的声音陪伴下成长的孩子,身心愉悦,
没有怨气,心旷神怡,雍容宽容光荣,对世
界充满爱。

——郑渊洁

身心愉悦，没有怨气，心旷神怡，雍容宽容光荣，对世界充满爱。

如果爸爸妈妈是双面人，不利于孩子的成长。什么是双面人？爸爸妈妈在外面和外人接触时，比如在单位在公司，说话和颜悦色。可是一回到家里，面对孩子或者配偶时，立刻换了一副面孔，说话声色俱厉。换句话说，在外面说话，声音是顺着声带出来，在家里说话，声音从声带里横着出来的。

双面人家长对孩子的伤害很大，如果家长在家声色俱厉，在外也声色俱厉，对孩子伤害不大。孩子会觉得爸爸妈妈就是这样，任何人都能接受一视同仁，公平是人的精神世界的基本需求。

如果爸爸妈妈在外声色俱厉，在家和颜悦色，对孩子的成长没有不利，而且可能让孩子有温暖的感觉。我应该就属于这样的家长。

我也是双面人，我在家里和颜悦色，我的儿子已经三十四岁了，我从来没有对他高声说过话，没发过一次脾气。对女儿和孙女也是这样。

您会问，即使孩子犯了错误你郑渊洁也不会发脾气吗？之前咱们说过，孩子犯的几乎所有错误，都是从父母那里模仿来的。我如果看到孩子有什么不对劲的地方，我就从自己身上找根源，准能找到。我先改正，几天后，孩子就改了。总不能自己先犯了错误演示给孩子看，孩子模仿后，您再对孩子大发脾气。儿子郑亚旗小时候，有一次他拿着奶瓶往电动玩具汽车上倒牛奶，那时牛奶还是奢侈食品，还定量供应。我一看就知道是我给汽车加油时他看见了，他也想给他的汽车加油。我就告诉他，你也需要加油，这瓶牛奶，给汽车喝一半，你喝一半。试想如果我见到孩子往汽车上倒牛奶不分青红皂白就是呵斥，后果不好。孩子的问题，真的都是从成人世界模仿来的。

刚才我带孙女去滑冰。我听见冰场上一位教练对学员说："你听不懂我说的话吗？"半小时后，孙女和我交谈时，她平生第一次对我说："爷爷，你听不懂我说的话吗？"我完全清楚孙女这话的出处。

刚才说了，我也是双面人，我在家说话从来都是和颜悦色，特别是对孩子。我在外维权时，会声色俱厉。我正在改正这个缺点，我觉得维权也可以和颜悦色。我想，人的潜意识里可能有时会有当双面人的需求。甚至有这样的基因。如果家长也有双面人基因，我建议倒过来，将对外人和颜悦色对孩子和家人声色俱厉改为对外人声色俱厉对孩子和家人和颜悦色。这样对您的孩子的成长有利。

咱们假设孩子看到爸爸妈妈对外人说话特别和气，而对孩子特别呵斥，孩子会认为自己不优秀，一开始他会努力试图改变这种待遇，然而当他发现无论他怎么努力，爸爸妈妈和他说话时依然声色俱厉，他会怎么想？

我们设身处地想想。如果您在公司里总是被老板呵斥，您一开始会认为自己不优秀吧？您试图改变，您努力，当您发现无论您怎么努力都无济于事时，您会认定自己在这家公司没有前途。您可能会跳槽。您的孩子不能跳槽，但孩子的心能跳槽。孩子的心一旦跳槽，在成长途中形成身在曹营心在汉的局面，这个"汉"，就是无家可归，人在家里，心在外游荡、居无定所、孤独、失落，双亲在身边但孩子感觉举目无亲。

经济学上有蝴蝶效应。一只亚马逊丛林里的蝴蝶抖动了一下翅膀，可能环环相扣一直影响到纽约股市波动。双面父母对孩子的态度声色俱厉一次，也会产生蝴蝶效应，可能影响到孩子数十年后某次重要决定的对错。我有一篇作品叫《跟踪迁怒链》，皮皮鲁发明了一台跟踪迁怒仪，皮皮鲁用这台仪器目睹了高中生庞晓风一次放学时自行车气门芯被人拔走，由此产生怒气，这股怒气像传染病那样通过人际传播在世界周游，二十年后又和庞晓风遭遇，搅黄了他的三十八岁生日。

真实生活其实比童话还夸张。双面人父母每次对孩子的声色俱厉，都可能在孩子的人生道路上产生蝴蝶效应。孩子还会受父母影响，也成为这样的双面人。

我认为孩子是父母的镜子。我现在观察一个人，首先看他的孩子。通过孩子，我就能看出父母怎么样。我和朋友相识没几天，我会要求见人家的孩子，我说我给你的孩子唱堂会，一对一讲课吧。其实我是居心叵测以此对朋友作出判断，以此决定这个朋友能不能交。这样的判断方法特别准确省时，屡试不爽。

在外和颜悦色在家声色俱厉的家长，他们的孩子成为这样的人的可能性极大。于是代代相传，恶性循环。

还有一种家长和孩子相处时是过管人的瘾，只要和孩子处于同一空间，他就要教训孩子，管孩子。让孩子无所适从，怎么都不行。其实很有必要开一家"戒家长管孩子瘾诊所"。所有的孩子都有长处。正确的教育孩子的方法是发现孩子的长处，告诉他什么地方行。错误的方法是，发现孩子的短处，告诉他什么地方不行。

还有的家长怎么看孩子都不顺眼。

我弟弟郑毅洁养信鸽挺有名。有一年，他的鸽舍诞生了一只腿有残疾的信鸽。大家知道，高速飞机在起飞后为了保证速度，要将起落架收回到机身里。各种鸟在飞行时也要将腿回收到腹下。而这只瘸鸽由于一只腿有残疾不能收回到腹下只能悬吊在身体外，因此它无法飞直线。作为信鸽，我弟弟认为它已经没有价值，他决定采用一种仁义的方式放弃它，送它参加一次一千公里的超长距离竞翔大赛。一千公里的竞翔大赛，别说拿名次，能归巢的鸽子都属于凤毛麟角。童话都不敢这么写的事情发生了，这只瘸鸽获得了冠军！我们现在也想不明白它是怎么飞回来的，但我们知道，它是用生命证明给我们看：它行。2006年4月30日，我和弟弟带这只瘸鸽做客中央电视台《百科探秘》节目。我们当初对这只瘸鸽看走了眼。

爸爸妈妈在教育孩子时，往往也会看走眼，怎么看孩子都不顺眼，和孩子说话总是用训斥的口气。我认为这对孩子的伤害会非常大。我们的那只瘸鸽还有机会通过参加一千公里竞翔大赛来证明自己，而孩子有可能连这样证明自己的机会都没有。

和孩子相处时，请记住有话好好说。如果做不到对内对外都和颜悦色，为了孩子的幸福，身心健康成长，那就在外声色俱厉，在家和颜悦色。记住我在《朗读者》的经历：真情可以让声音变得美好。

第 7 课

家长绝对不能对孩子做什么

我现在在泰国。这是我第一次到泰国，此次是应泰国政府的邀请，明天做客泰国外交部。我在泰国讲《郑渊洁家庭教育课》第一单元第7课。

我现在每新认识一位年轻人，自然会判断他是否有前途是不是潜力股。我判断的方法并不是看他的言谈举止，而是看他身边有什么样的朋友。换句话说，看他的朋友圈是由什么样的人组成。身边的朋友什么样，自己也会是什么样。

我很想找捷径，希望发现某个职业的从业者都是高素质，但一直未能如愿。近几年，我发现大使这个职业的从业者大都儒雅、风度翩翩、视野开阔、不缺格局。例如我接触过的瑞典驻华大使林戴安，接触过的英国驻华大使吴思田，美国驻华大使博卡斯，日本驻华大使木寺昌人，中国驻瑞典大使陈明明，中国驻马来西亚大使胡正跃，中国驻秘鲁大使贾桂德，中国驻哥伦比亚大使汪晓源等等。

和大使们接触多了，我感觉自己也会受影响。大使们突出的特点除了有尊严，就是有礼节，接触起来让人很舒服。大使都懂外语，但如果在场有不

图 / 郑渊洁和三岁的郑亚旗在玩耍

欣赏能让孩子长成参天大树，

贬低能让孩子枯萎畸形。

——郑渊洁

懂外语的人，比如我，他们会使用我听得懂的语言和他人交谈，或者他们一边用外语说，一边为我翻译。绝不会出现让任何在场的人长时间听不懂他人交谈的场面。最近我在以色列经历过在场的中外人士使用英语长时间交谈，而我一句也听不懂，这样的人，我一般不会再和他出现在同一场合了。大使的文雅和风度，经过我了解，发现大都来自家庭的影响。

刚才说了，大使们小时候大都经过良好的家教。那么他们的父母为他们提供了怎样的家庭成长环境呢？进一步想，所有气质儒雅、风度翩翩、视野开阔、不缺格局的人，是在怎样的家庭环境中成长的呢？

这次到泰国，我在飞机上想尝试使用英语向空姐要饮用水。我不会英语，家人告诉我矿泉水是沃特，我需要联想才能记住，我知道迪士尼的创作者叫沃特·迪士尼，我就这样记住了。在从北京飞往曼谷的飞机上，我看见空姐推着小车过来了，我对空姐说，我喝迪士尼。我把沃特给忘了。空姐用地道的中文普通话问我："请问先生您喝什么？"

这样的洋相，我出过不止一次。

为人父母，应该清楚，在孩子的成长过程中，父母绝对不能对孩子做什么。

2009 年，比尔·盖茨的爸爸写了一本他是怎么教育比尔·盖茨的书，书名是《盖茨是怎样培养的》。这本书在中国出版中文版时，我应邀为这本书写序言。写序言前，我将这本书看了两遍，其中一句话我印象深刻，比尔·盖茨的爸爸说，作为父母，你对孩子不管怎么做，就是不能贬低孩子。我在序言中对比尔·盖茨爸爸这句话大加赞扬。我在教育孩子时，就是这么做的。

自从只刊登我一个人作品的《童话大王》杂志 1985 年创刊至今，我每天必须写出数千字的作品，《童话大王》月刊每个月才能正常出刊。至今《童话大王》月刊已经出刊447期。1986年5月，儿子郑亚旗快三岁时，有一天我感觉下期稿件可能不能按时交稿，而儿子在我身边，我会优先和他玩。客观上，这会耽误我写作。于是我将他送到我爸爸家小住，我潜心写作。

亚旗去了爷爷家之后，给我打电话，他问："你今天写了几页？"开始我没在意，照直说我今天写了不少。可当我晚上躺在床上忽然想起儿子这奇怪的问话时，吓出了一身冷汗。

我差点做了一件贬低儿子的傻事：爷爷接亚旗走，儿子表面挺高兴，心里却想，我爸爸只有离开我才能写作？他不愿意承认这个事实，所以每次打电话都要问我写了几页，以此来证明他是不是影响我写作的因素。假如他知道由于他离开了我，我每天就能写出许多，他就会感到自卑。这就是贬低孩子。第二天亚旗给我打电话时，果然又问写了多少页。于是我就告诉他，他走了后，我反而写不出来了，还分析说可能是因为没有他给我在稿纸上编页码（这也是我想出的滋养孩子自尊的小把戏）。当天我就把儿子接了回来。

我成功让孩子规避了一次被贬低。儿子回来后很高兴，他当然觉得，郑渊洁写的童话有那么多读者喜欢，而他离了我郑亚旗就写不出来，他会觉得自己的生存是有价值的，因而对生活充满信心。通常我每天写十页，儿子回来后，要通过多写弥补我对他的贬低，我想当着他写五十页，可我又写不出那么多，反正他那时也不认字，我就往稿纸上抄《红楼梦》。

我很认同比尔·盖茨爸爸那句话，作为家长，不管您对孩子做什么，就是不能贬低孩子。

我在我的作品《郑渊洁和皮皮鲁对话录》里有这样一个童话式的假设，有家长想毁掉自己的孩子，怎么做最见效呢？当然是贬低孩子，摧毁孩子的自尊。具体方法有这样几条：

一、让孩子觉得自己什么都不行，没人赏识他。例如学习不行，长相不行，交友不行，才艺不行，除了玩手机玩游戏什么都不行，干家务不行，马虎，粗心，懒，让家人为他受累……总之，他没有行的地方；

二、经常拿比他"行"的人刺激他。例如这种话要时常挂在嘴边："看人家 XX，从不让父母操心！"这类话最具打击力和摧毁力，是贬低摧毁孩子的王牌语录；

三、父母把自己塑造成为家庭牺牲者的形象，这样会使孩子产生罪恶感。而一个有罪恶感的人往往采用自暴自弃的方法度过一生。具体方法如下：经常告诉孩子，自从有了他，你连电影也没看过，你为他操碎了心，都累出病来了，最好再具体说出你身上的哪种病是由于他造成的，或者说，如果不是为了照顾他，自己早就在事业上有大发展了；

四、和孩子说话时口气决不能和蔼，切不可使用商量的口吻，一定要使音量达到七十分贝以上，一定要使用命令式的口吻。如果还能配合一些挖苦讽刺的汉语词组，则效果更佳，如"你真蠢""你混""没见过你这么傻的""怎么生了你这么个东西"等等；

五、孩子的一切要由你来决定，切不可给他一点儿自由，他的行踪你要密切注视。如果有日记，一定要设法查看；手机微信、短信、邮箱一定要审查。这样做能在他心里造成他不是人的感觉，造成他是一个受人操纵的木偶的感觉。一个怀疑自己不是人的人是绝不可能奋发上进的；

六、当众出孩子的丑。前五条都是在家庭里的"单练"。真正要彻底毁掉他，这第六条才是撒手锏。你一定要当着外人（或同学或亲友或邻居）损他，贬他，让他无地自容。从心理学角度讲，这样做能使一个人产生惧怕社会的心理，产生自惭形秽的念头。而一个惧怕社会和自惭形秽的人是很难立足于社会的。

以上都是假设，实际上，这样的家长应该很少见。

现在泰国的人穿短袖。我就想，同样的地球，有的地方穿羽绒服，有的地方穿短袖。同样为人父母，有的父母这样教育孩子，有的父母那样教育孩子。作为爸爸妈妈，请切记，不管你怎么教育孩子，就是不能贬低孩子。

自尊和自信是一个人安身立命的基础，而贬低能摧毁孩子的自尊和自信。

人性的本质是渴望欣赏。孩子尤其渴望欣赏。欣赏能让孩子长成参天大树，贬低能让孩子枯萎畸形。

第 *8* 课

教给孩子人生制胜的一个法宝

学校教给孩子知识，但是不太教孩子怎么和人交往，一个人会不会和人交往，很重要。上一节课我说了，我新认识一个人，特别是年轻人，我会对他做出预判，预判什么？预判他的未来。我预判年轻人的未来，依据什么？我不看他，我就看他的朋友圈由什么人组成，换句话说，我要看他身边是些什么人，他的朋友是谁。

唐朝著名宰相魏徵有句名言：立身成败，在于所染。意思是，一个人能否成功，就看看身边经常接触和交往的是些什么人，您会受身边人的感染，也就是影响。魏徵这句话用在家庭教育上也很贴切，孩子能否优秀，在于父母怎么影响他。孟母三迁就是这个意思。家可以搬，父母能换吗？可以换。不是换人，而是换父母教育孩子的观念和方法，咱们《郑渊洁家庭教育课》就来做换汤不换药的事，"药"是家长，"汤"是家长教育孩子的方法和观念。

我家冰箱上贴着一张 A4 纸，上面写满了人的名字。我管这张纸叫黑名单。凡是上了黑名单的人，我不会再见他第二次。什么人我不会见他第二次呢？这种人把听得懂的话往听不懂了说，把简单的道理往复杂了说，故弄玄虚。

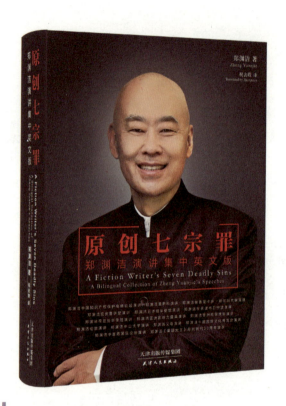

图/《郑渊洁演讲集中英文版》

让孩子养成能使用讲故事的语言方式

和他人交流的习惯，这是真正的能让孩子

走遍天下的世界性语言。

——郑渊洁

人和人交往主要靠语言。语言有两种，一种能让交往的对方立刻对你感兴趣并喜欢和你交往，另一种语言能让交往的对方感觉和你交往没有意思，无聊，味同嚼蜡，索然无味。换句话说，第一种语言属于说"人话"，第二种语言属于不说"人话"。

真正出色的人，都是能把听不懂的话往听得懂了说，把复杂的道理往简单了说，深入浅出，寓教于乐，娓娓道来。不管多复杂多艰深的道理和事情，他都能用叙述故事的方法娓娓道来。不是只有儿童爱听故事，适合听故事，所有年龄层的人都喜欢听别人用叙述故事的方式讲世界上任何事情，包括政治、军事、法律、科学等等。如果一个人能拥有使用讲故事的语言方式和他人交流，那无论是这个人还是他的观点就容易被大家接受。

我为什么在生活中见到把听得懂的话往听不懂了说的人就把他的名字写在我家冰箱上的黑名单上，并且今后远离他？我知道任何人都会不知不觉被别人影响，这种影响有时你根本感觉不出来，它是潜移默化的。我怕我和不说人话的人交往会不知不觉受他影响，也变得说话故弄玄虚，把听得懂的话往听不懂了说。那么，我的与他人交往的能力会直线下降，没人喜欢和我交往，因为人家听你说话听不懂，没意思，而人和人交往主要靠语言。和同胞说母语说得让同胞听不懂，也算一种本事了，遗憾的是这种本事会让愿意和你接触的人越来越少。

作为家长，应该意识到让自己的孩子拥有和他人交往时使用讲故事的语言方式的能力，让孩子不管说什么，包括在课堂上回答老师的问题，都使用讲故事的方式娓娓道来，这就相当于您的孩子拥有了人生制胜的一个法宝，一种魔法。世界上大多数人依靠语言和他人交往交流，语言水平高，交往时就事半功倍，别人就容易接受你。什么是语言水平高？使用讲故事的方法娓娓道来地讲任何事情和任何道理。

我们中国的孩子学外语一般首选英语。我认为，真正的世界性语言不是某种外语，真正的世界性语言是会使用讲故事的方法说话，不管您使用哪种语言。

我还认为，人和动物的区别是人会讲故事，动物不会。开课时我说了2017年10月应以色列政府邀请，我去了以色列。以色列有一位学者，他叫尤瓦尔·赫拉利。他对"故事"的评价也非常高。他甚至认为人类之所以能统治地球，是由于人类有编故事的能力，人类最初是靠宗教团结起来，和洪水猛兽斗争。而宗教都是通过故事体现的。正因为人类有编故事的能力，才能形成团队，有了群体的力量。靠散兵游勇，人类不可能统治地球。

我在以色列，看到犹太人有四个特点：一是爱阅读；二是重契约、守约；三是租房不买房；四是团队精神。

爸爸妈妈在教育孩子时，要用身教告诉孩子，走人生路不能靠腿，要靠脑子。身为人类的一员，要分析人类的发展过程，分析人类和其他物种的不同，找出优势，照葫芦画瓢，就会在和别人的竞争中胜出。

比如人类现在是地球的老大，同是动物，那么多动物，为什么只有人类胜出？除了人类会制造和使用工具，会创作故事也是人类和动物的一个重要区别。人类有今天，和最初的人类创造了那么多宗教故事使得人类由散兵游勇到组成团队战胜洪水猛兽有决定性关系。

既然会创作故事是人类独有的优势，作为人类的一员，如果放弃使用讲故事这种真正的世界性语言，而舍本求末花很大精力去学母语之外的语言，纵然能讲好几种语言，但使用时都是把听得懂的话往听不懂了说，让听您说话的人感到味同嚼蜡索然无味，这样的语言，会再多也对您的事业无济于事，唯一的作用是让不喜欢听您说话的人遍布全球各个国家。

我小时候不爱说话，因为我发现别人不喜欢听我说话。自从写童话后，我发现了一件有意思的事，我发现别人越来越喜欢听我说话。当我写了近千万字的童话故事后，喜欢听我说话的人越来越多。以至于有人听说某次应酬饭局有我参加，就一定想方设法去，就为了听我说话。我就分析这是怎么回事。我找到的答案是，我通过写作童话故事，不知不觉养成了不管我表达什么事什么观点，都是通过讲故事的方式娓娓道来的习惯。

当我发现我的朋友越来越多，朋友多了，机会就多。当我发现我的朋友和机会越来越多源于我说话是通过讲故事的方式导致的时，我的儿子出生后，我决定让他也拥有使用讲故事的方式说话的本领，换句话说，我要教会我的孩子说人话。刚才说了，人和动物的区别可能是人会创作故事动物不会，从这个角度说，能使用讲故事的语言方式和他人交流的人，就是学会了人话，因为人和动物的区别是人会讲故事。

我使用什么方法让我的孩子会说人话呢？借鉴我自己的经历，我"强迫"孩子看我的所有童话故事，这个强迫是带引号的，因为我的童话只要我的孩子看一篇，就会进入不全看完誓不罢休的境界。

我当年将儿子亚旗领回家自己教时，最初的课程就是让他看完我的所有童话作品。我用这样的方法熏陶他，让他成为会使用讲故事的语言方式与他人交流的人。这个课程的效果非常好。我们在家上课时还有这样的课程：我们打开电视看《新闻联播》，看完一条新闻，我们两人各自用讲故事的方式将那条新闻翻译一遍，然后我们两人背对背互相打分，看谁的分数高。

开始是我赢得多，渐渐地，亚旗占上风的时候多起来。现在，亚旗演讲很受欢迎。受欢迎的演讲，都是通过讲故事的方式完成的。

郑亚旗工作以后，有一天他对我说，郑渊洁你写了那么多年，其实可以换一种方式，比如演讲。他说他认为我的演讲会受欢迎，因为我说话全是通过讲故事的叙述方式。亚旗还说，他在家听我授课时，我都是用讲故事的方式授课，他还以为别人都是这么说话。后来他工作了，接触到单位的成年人，才知道大多数人不这么说话，于是亚旗动员我在写作的同时，可以尝试演讲、讲课，换一种表达方式。他还说，孔子和苏格拉底就是通过讲课传授观点的。后来儿子给我策划参加电视脱口秀节目，还在皮皮鲁讲堂讲课。再后来邀请我演讲的地方越来越多。今年1月，我的演讲集《郑渊洁演讲集中英文版》出版，这本演讲集收录了我的二十五篇演讲，其中多数从未发表过。

作为爸爸妈妈，请通过身教影响孩子，让孩子养成能使用讲故事的语言方式和他人交流的习惯，这是真正的能让孩子走遍天下的世界性语言。

我还有一个窍门，让孩子成为一个善于自嘲的人也能让孩子在和他人交往时朋友越来越多。自夸的人不招人喜欢，有强大自信的人才会自嘲。作为父母，和孩子在一起时，使用的语言应该尽量通过讲故事的方式完成，应该幽默，应该自嘲。这样，孩子就会模仿。

第 *9* 课

我让孩子放学回家先高效写完作业的秘诀

我常听到朋友为孩子放学回家写家庭作业发愁，咱们先不说写家庭作业有无必要，不说好老师会将所有学习问题在课堂上解决，只要您的孩子去学校上学，您就必须让孩子每天写完老师留的家庭作业，否则您在老师那儿的日子不好过，孩子在学校的日子更不好过。

事实上，孩子在学校上了一天学，非常累，我认为完全可以用重体力劳动来形容今天的孩子上学的状态。几十人挤在一间教室里，空气浑浊；绝大部分时间需要保持坐姿；缺少饮水；午餐质量没有保证。

最近我应邀到北京一所重点小学讲课。讲课后，校方礼节性地说到了午饭时间，可否在学校用便餐。以往我到小学讲课，从来没在学校吃过饭，我突然想起前些天我到一座苹果园采摘时，我问果农，大苹果好卖，但是没长好的小苹果怎么办？果农说小个的苹果更好卖，他说卖到小学食堂或者为小学送饭的供餐公司去。因为学生们每天中午一个苹果是午餐标配，但是没有规定这个苹果的大小。所以大多数学校午餐为学生提供的苹果都是袖珍型苹果。

那果农很有幽默感，他说《小苹果》这首歌在我们这里能流行是有基础的。我想起一次我和一个煎饼摊主聊天，我说你摊上的鸡蛋怎么比鹌鹑蛋大不了多少？他说大哥，每张煎饼一个鸡蛋，但没说鸡蛋的大小。所以每天专门有人往煎饼摊送特别小的鸡蛋。想到这些，我那天讲课后，当校方礼节性和我客气说吃饭的事时，我立即提出和小学生一起吃午餐。我就是想看看孩子们吃的到底怎么样，小学生正是长身体的时候，午餐很重要。而家长几乎没有可能在午餐时间进入学校目睹学生吃饭。

学校没想到我真要吃饭，还要和孩子们吃一样的饭，只能同意。孩子们是一人一个托盘，排队领餐。托盘里有一荤两素三个菜，米饭或馒头，一个小得不能再小的微型苹果，一盒酸奶。我最有感触的是荤菜，荤菜是鸡肉，有八块，看上去很不错，我吃了一块，吐出来了，全是骨头，鸡肋，我以为这是偶然，又夹了一块送进嘴里，还是鸡肋，又吐了。我的好奇心来了，将所有八块鸡肉一一过堂，结果没有一块能吃，全是鸡肋。我想起了果农关于小苹果的论述以及煎饼摊主关于小鸡蛋的论述，我就想，为学生们提供午餐的人，有没有可能专买鸡身上某个只有鸡肋的部位，这个部位的鸡肉最便宜。反正我给你的孩子吃了色香味俱全的鸡肉，家长无话可说。至于这些鸡肉是吃下去了还是过堂后完璧归赵吐出来，应该没人过问。

我认为，学校或者送餐公司为未成年人供餐，如果在苹果的体积或者肉的部位上动脑子，以牺牲孩子身体健康为代价，从家长交的餐费里榨取利润，真的不应该。

我好像跑题了，其实没有。我的意思是，孩子们在学校一天那么累，还可能吃了营养不达标的午餐，放学后，疲惫的孩子回到家不能好好休息，还

踏实不用花钱买，

把重要的非做不可的事情做完，就能换来踏实。

——郑渊洁

要写家庭作业，真的让人心疼。

因为家庭作业多或者孩子不愿意写家庭作业，家长和老师"硬碰硬"的应该不多。我见过一位。

1991年10月上旬的一天，崔永元给我打电话，说有事求我。我问什么事。崔永元说，他有一位同事的孩子在位于北京万寿路的某重点小学就读，那孩子对写不完的家庭作业深恶痛绝，索性罢写。老师教育他，他就拿《童话大王》月刊上郑渊洁的话反击老师。校长被惊动后对那孩子说，如果你能把郑渊洁请到咱们学校来给全校同学做一次报告，我就特批你可以不写家庭作业。那校长对于郑渊洁近年深居简出埋头写作一般不参加社会活动的状况早有耳闻，他听说连郑渊洁亲儿子就读的学校都请不动他，那校长由此断定该同学根本不可能请到郑渊洁，于是敢于夸下特批学生不写作业的海口。崔永元希望我能助那孩子一臂之力，去该学校一次，将那孩子从家庭作业的水深火热之中拯救出来。我答应了。

1991年10月15日下午，我在崔永元的陪同下去那所小学。当将信将疑的校长真的看见我时，他立即吩咐老师集合全校师生去大礼堂。

需要赞扬的是，那位校长是说话算数的人。那位孩子之后真的没再写过家庭作业。校长特批他在校期间，永远不用写家庭作业。

刚才说了，现在我们的孩子上学属于重体力劳动，回到家里还要写作业。作为家长，我们要面对这个现实，既然孩子必须写家庭作业，我们就要想办法让孩子回家后高效写完家庭作业，早些获得放松，有玩的时间，早些睡觉，保证睡眠时间。

我的孩子都是一放学回到家里就先写家庭作业。按说不适应学校应试教育的儿子应该排斥写家庭作业，但他也是一回家就先写作业。当然刚开始上学时，我觉得那些作业耽误孩子玩的时间，都是我帮着亚旗写。被老师识破后，儿子只能自己写了。

我从来没要求过儿子和女儿放学回家先写作业，但是他们都是一回家就全力以赴写作业，之后再玩。我不知道这是为什么，后来我找到了答案。

这里需要说说我的一段经历。

1985 年 5 月 10 日，只刊登我一个人作品的《童话大王》杂志创刊。一个人长期写一本期刊，在中外文学和出版史上还没有。我需要每天都写作数千字，才能保证《童话大王》杂志正常出版。我原先的习惯是上午写作，在写作《童话大王》杂志的初期，我很快发现，我每天上午的写作会被各种事情干扰，无法保证。而按照合同的约定，我每个月不能按期交稿将面临高额罚款。我就想办法。我从小见到我的父亲郑洪升是早睡早起的人，这个习惯源于他的身为医生的父亲。我的外祖父刘润甫也是医生，还是名医。我想起外祖父曾经告诉我早睡早起对身体好，他们还说每天二十四个小时对应二十四节气，清晨五点左右相当于惊蛰，是肝脏向全身包括大脑输送新鲜血液的时候。我想清晨四点半至六点半不会有任何人找我，也不会有任何单位选择清晨四点半举办活动。于是我在 1986 年改成晚上八点半睡觉，清晨四点半起床写作到六点半。我清晨四点半起床写作写了三十二年，从无间断，保证了 448 期《童话大王》月刊期期按时交稿。我一个人写作一本月刊三十三年，印数超过两亿册。可能在咱们听课的家长中，有不少人小时候看过《童话大王》杂志。清晨写作，万籁俱寂，头脑清晰，众人皆睡我独醒。

孩子出生后，见到我每天清晨四点半起床，都会问我为什么。我说清晨把一天最重要的非做不可的事情做完，全天轻松心情大好。如果最重要的非做不可的事情没干完，干其他事情就会不踏实、心不在焉。其实人生活的就是一个踏实。而踏实不用花钱买，把重要的非做不可的事情先做完，就能换来踏实。特别是玩的时候，不踏实是玩不好的。玩不好，还不如不玩。

我的孩子放学回家立即高效写完作业，原来是受我早晨四点半起床写作的影响。当孩子看到父亲每天雷打不动清晨四点半起床写作坚持了数十年时，就懂得了先把必须做的事情做完的好处。于是，我的孩子放学一回到家里二话不说先写完作业，然后痛痛快快高效玩。我经常告诉孩子，玩的时候最不能三心二意，要专心玩。因为孩子通过玩认识世界效果最好。

家庭教育，特别适合一句话：有心栽花花不开，无心插柳柳成荫。

我为了一个人写一本月刊数十年，每天清晨四点半起床写作。没想到这个举动让我的孩子养成了将必须做的事情例如作业先做完再玩的习惯。我从来没催过孩子写作业。

说到写作业，我想起一件事。儿子亚旗上小学时，一次他说他写的作文从来没成为过范文。我就拿起儿子以往写的作文看了看，我说这些真的成为不了范文。我说我给你示范一次，你就知道怎么写了。一天老师留了家庭作业作文题，我就给儿子写了一篇作文。儿子看完说，你写的这篇在老师那里通不过。我说这怎么可能？我写作的秘诀有两个，一个是别人怎么写我就不怎么写。另一个是怎么说话就怎么写。果然，老师在我写的作文上打了红叉子，批道：作文怎么可以这么写？重写。儿子得意地说，我没说错吧。儿子又说，家庭服务员写的没准老师能接受。我说不可能。我要维护自己的尊严。儿子就让保姆写了那篇作文。

保姆写的作文，成为亚旗在学校的第一篇范文。

这也是我下决心将儿子领回家自己教的一个原因。我将儿子领回家自己教时，为他编写了十部故事体教材，其中一部教材是教他写作的，题目是《舒克送你一支神来笔》。这十部教材，在亚旗成年后，都出版了，印数直逼我的文学图书。

第 *10* 课

有"己所不欲，勿施于人"底线的孩子 所向披靡

人生竞争越来越激烈甚至残酷，我们的孩子从出生起，就开始参加这场长达数十年的马拉松竞争。一开始竞争家庭、智商、相貌、才艺、学历等等，竞争到最后，竞争的是什么？竞争的是道德品质。道德品质不行，就会前功尽弃、功亏一篑。

作为家长，如果将目光只盯在孩子的学习成绩上，忽视孩子的道德品质教育，可能会自食恶果。家长大都希望自己的孩子能在人生的道路上左右逢源、所向披靡。孩子拥有什么本领能所向披靡？我认为是有底线。什么是底线？己所不欲勿施于人。

2017 年 10 月我作为公共外交代表团的成员访问以色列，团员大都是八零后九零后，都是看上去的精英，他们有名校高学历，有一定的知名度，是常人眼中的成功人士。将孩子教育成这样，他们的爸爸妈妈应该自豪。

第一场外事活动是在以色列外交部举行，以色列方参加者是以色列外交部亚洲司的司长潘立文。潘司长曾任该国驻中国大使馆的文化参赞，是位中国通，能说地道的汉语。他先用中文和中国客人寒暄，等到活动正式开始时，

他说，抱歉，我要用我们的语言通过翻译和大家交流。

这是国际惯例，在正式的外交外事场合，如果您代表的是您的国家，您需要使用本国语言通过翻译和对方交谈，不管您会不会对方的语言。朴槿惠和潘基文在位时在外事场合见面，两人交谈是通过翻译完成，朴槿惠说韩文，潘基文说英语。就是这个道理。

潘立文司长每说几句话，由在场的翻译翻译成中文。潘司长发言结束后，轮到中国人发言了。一个八零后先发言，他使用英语甩开翻译直接和对方交谈。之后的八零后九零后也如法炮制，大秀英文。先不说他们置在正式的外交场合参加者应该使用本国语言交流的惯例于不顾，单说他们都知道在场的我不会英语，而有修养的人都知道，如果在场的人不懂某种语言或者方言，其他人使用那种语言或者方言当着那人聊天是不礼貌的行为。谁也不希望在场的人使用自己不懂的语言长篇大论交流，而自己一句听不懂。既然自己不希望的事，就不能做，这就是己所不欲勿施于人。

代表团的五个年轻人中，只有两位使用中文通过翻译和对方交流，而这两位并非不会英文。其他的人在正式外交场合都大秀英语，包括在接下去的十几场正式外交活动中狂飙英语，我一句也听不懂。

我接触人，有自己的判断。对于不靠谱的人，一般就不会再见面了。即使见，也是敷衍。

大家可以看出，如果您的孩子在竞争中由于学习成绩优秀等等一路脱颖而出，但是他没有"己所不欲勿施于人"的底线，很可能前功尽弃、功亏一篑，人生的机会越来越少。孩子在走上社会之前，拼的是学习成绩。走上社会之后，拼的是道德品质。如果家长只关注孩子走上社会之前的学习成绩，忽视孩子走上社会之后的东西，很可能竹篮打水一场空。

那么作为家长，如何对孩子进行"己所不欲勿施于人"的底线教育呢？只能用身教。用语言不会有效果。

上个世纪八九十年代，很多小读者给我写信，信的数量多到北京的邮局专门给我设立了一个接受小读者来信的邮箱。每天都会有几邮袋的小读者来信。我还记得邮袋是布做的。说不定，现在听课的家长中，有小时候给我写过信的小读者。

随着小读者的信越来越多，家里渐渐放不下了。家人就和我商量是不是处理掉。我想，这些信看上去只是普通的信，但其实每封信后边都是一位真诚的孩子，真诚的小读者，孩子们喜欢看我的作品，能在繁重的课业中抽出时间提笔给我写一封信，这里边得有多少真情实感，想想就令我潸然泪下。如果我因为没有地方放而扔掉它们，就是不善待读者。最重要的是，我有孩子。如果我没有孩子，怎么做都行。但是当着自己的孩子扔掉读者来信，这对我的孩子绝对是负面影响。

我决定买房子给小读者来信住。我还记得当时我和儿子亚旗的对话。亚旗问，咱们真的要花钱买房子给读者来信住？我说对呀。如果你给一位作家写了信，你希望那位作家把你的信扔了吗？亚旗说当然不希望，他还说他希望对方珍藏他的信。我说是呀，自己不希望的事，就不能对别人做。

于是我在北京买了多套房子给小读者的信住。当时北京的房价是每平方米一千四百元。二十多年过去了，数十万封小读者写给我的信还住在那些房子里。

作为家长，请通过身教让孩子成为有"己所不欲勿施于人"底线的人，这比学习成绩还重要。如此，您的孩子就能在人生路上所向披靡了。

《郑渊洁家庭教育课》第一单元的最后一课马上就要结束了。这个单元的题目是《父母合格，孩子才能优秀，如何成为合格的父母》。

在这个单元结束时，我想和爸爸妈妈们分享我的一个感受。

我认为，合格的家长的标志是：把为家族创造荣耀的重担自己挑，给孩子构建一个轻松惬意的人生。不合格的家长的标志是：把为家族创造荣耀的重担让孩子挑，自己则不思进取。

其实，有了孩子，对于每位家长都是一个千载难逢的催人奋进的机会。有了孩子，我们不要总是想着怎么教育孩子，应该想着怎么通过正当劳动改变孩子的生活环境，您通过正当劳动改变孩子生活环境的同时，就是对孩子进行最好的身教，让孩子目睹您通过正当劳动让家庭越来越富有。

我的儿子郑亚旗出生时，我只有小学四年级学历，我的身份是工人，我家住在工厂的筒子楼里。我当时的状况和条件，应该比现在听课的大部分家长差。

改变我命运的是 1984 年的一天，那天我的儿子郑亚旗在我们家所在的工厂筒子楼里学走路，他的身边是处于工作状态的燃气灶和貌似随时爆炸的高压锅，目睹自己的孩子在这样的环境中迈出人生的第一步，我认为自己不是合格的父亲，我有责任让自己的孩子在安全舒适的环境中成长。当时的杂志稿费按千字两元支付，十分微薄，不足以改善家庭经济。我想在杂志发表作品后拿版税。版税相当于入股，只要写得好、作品受读者欢迎，作者就拿得多，出版者按事先约定的比例拿得同样多，一荣俱荣，符合经济规律。要想做到在杂志拿版税，这本杂志的全部作品只能都是我一个人写。而一位作家长时间写一本期刊的先例，在全世界范围还没有。

1985 年 5 月，只刊登我一个人作品的《童话大王》杂志创刊，我和出版者按事先约定的版税比例分割利益。到今天，我一个人已经将《童话大王》月刊写了三十三年，印数超过两亿册。2008 年，联合国世界知识产权组织授予我"国际版权创意金奖"，奖励我原创近两千万字的文学作品。假如我没有孩子，我认为只刊登我一个人作品的《童话大王》月刊不会问世。

有了孩子自己不努力的家长属于错失良机，把所有希望寄托在孩子身上给孩子施加巨大压力属于错上加错一错再错。

有了孩子后，爸爸妈妈当着孩子通过正当劳动努力奋斗，同时成为有"己所不欲勿施于人"底线的人，将家庭变得越来越富有。回过头来您会发现，您成了，孩子也成了。打小目睹父母通过正当劳动将一贫如洗的家变得富有的孩子，就接受了最优质的家庭教育。孩子会复制您的辉煌人生。什么是辉煌人生？有"己所不欲勿施于人"底线，通过正当劳动自食其力生活得越来越好就是辉煌人生。

下一节课开始《郑渊洁家庭教育课》的第二单元。第二单元的题目是：《孩子学习成绩中下，如何让 TA 在未来成为成功人士》。这个单元面对孩子学习成绩中下的家长，如何让学习成绩中下的孩子在人生路上逆袭，笑到最后，笑得最好。

图／郑渊洁买房给数十万封小读者的信住

孩子走上社会之前，拼的是学习成绩；

走上社会以后，拼的是道德品质。

——郑渊洁

第二单元

孩子学习成绩中下，
如何让 TA 在未来成为成功人士

第 *11* 课

留住孩子的什么比让孩子获得什么重要

家长大都关心和在意孩子的学习成绩。孩子的学习成绩在班上位于前五名的是绝对少数，位于前五名之后的是绝对多数。孩子的学习成绩在班上位于前五名的家长，参加家长会时内心应该有喜悦。学习成绩中下的孩子的家长，参加家长会时内心可能不会特别爽。

家长大都参加过自己的小学同学聚会或者中学同学聚会，有一个现象应该都遇到过，昔日小学或者中学，班上学习成绩的佼佼者，在成人后，未必是事业上的佼佼者。起个大早赶个晚集，应该是很多人参加昔日同学聚会的感受。

意识到这个反差，家长不必对孩子的小学或者初中成绩中下太在意。家长应该在意的，是用什么方法让自己学习成绩中下的孩子在未来的人生路上逆袭。让孩子长大后参加小学中学甚至大学同学聚会时，由于事业有成而获得最大话语权，在同学聚会上高屋建瓴，指点江山，谈笑风生。笑到最后，笑得最好。

《郑渊洁家庭教育课》第二单元，专门和孩子学习成绩中下的家长交流，探讨如何让孩子在未来人生路上逆袭的方法。

我们知道，人的成长过程，是日积月累构成的。孩子成人后的行为，和孩子童年少年时经历的每一天都有关系。一个人的成功，不会一蹴而就，而是从他出生起每一天的积累或者说每一天接受的教育和影响决定的。

我在作品里有一句话：世界上所有事都是好坏各占一半。

作为学习成绩中下的孩子的家长，您应该从孩子学习成绩中下这件事中找到孩子的优点。

您会说，孩子学习成绩中下，怎么还会有优点？

孩子的学习成绩，说白了就是考试成绩。考试是对孩子获得的知识程度的检验。作为家长，其实，留住孩子的什么比让孩子获得什么更重要。

2005 年，中国承办第十四届世界生命起源大会。主办方将世界级生命起源研究大师美国顶级科学家斯坦利·米勒请到北京出席大会。

请到米勒不容易，主办方想安排米勒和中国同领域的大师级科学家进行巅峰对话。大师之间的对话属于头脑风暴，往往能擦出灵感的火花。

和泰斗级的研究生命起源的科学家米勒对话，是一种殊荣。按常规判断，获得对话资格的人应该是在生命起源研究领域有相当造诣的人。

但是米勒不同意和同领域的大师对话，他提出和八竿子都打不着的领域的高手对话。换句话说，他要求和完全不了解生命起源科学的人对话，但是对话者要有超级好奇心和想象力。

时代已经从隔行如隔山进化到隔行能登山，你越是对陌生的领域不了解，你越没有框框。如果你有好奇心和想象力，你越能容易产生灵感。于是，我被选中和全球顶级生命起源研究大师米勒对话。

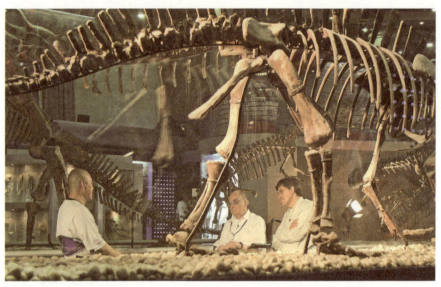

图 / 2005 年 6 月 22 日，
郑渊洁和科学家斯坦利·米勒在北京自然博物馆对话

所有人都是井底之蛙，区别在于井口的

直径不同。

——郑渊洁

2005 年 6 月 22 日，我在北京自然博物馆的恐龙大厅的恐龙骨骼标本下和米勒进行了跨界对话。我对生命起源一窍不通，米勒对童话创作也不在行。但是那次对话妙趣横生，带给我同时也带给很多人灵感。

米勒问我，你认为生命是如何起源的。

我说我认为宇宙是雄性的，行星是雌性的。行星在宇宙中高速行进摩擦受孕，于是生命诞生。

米勒问我，宇宙中这么多行星，为什么目前看到的只有地球受孕了？

我说很多行星岁数不够，没到青春期，是童星。

米勒又问我，为什么有的行星比地球岁数大，却没受孕。

我说它们得了不育症。

米勒沉思，说会不会真是这样啊。

然后我问米勒，作家笔下诞生的文学人物和地球生命的诞生有没有共同之处？

我和米勒对话结束时，我问他，我们有很多爸爸妈妈想把孩子培养成您这样能对世界做出巨大贡献的人。他们应该怎么做呢？

米勒说，关键是留住孩子的好奇心。

每位孩子的好奇心都充分和旺盛，因为孩子还没有知识，他们对看到的一切都充满好奇。随着获得知识的增多，孩子的好奇心会渐渐消失。他会认为自己知道的越来越多。我们试想，一位认为自己知道很多的人和一位认为自己知道很少的人竞争，谁能胜出？我认为是后者。

我只上过四年小学，我在小学四年级时恰逢 1966 年，由于众所周知的历史原因，我辍学了。我的最高学历就永远停在了小学四年级。

这个级别的学历，让我心虚，我认为自己什么都不懂，我看到什么都好奇，都想找到答案。有一句话我从来没说过，这句话就是"你不懂"。我说得比较多的话是"我不懂"。我在作品里有一句话：所有人都是井底之蛙，区别在于井口的直径不同。

有人会想，你郑渊洁一个只上过四年小学的人，怎么能一个人写一本月刊《童话大王》三十三年？写作出近两千万字的作品，作品书刊发行了三亿册？我认为这缘于我觉得自己由于上学少懂得太少，我需要不断学习。一个觉得自己懂得少需要不断不停学习的人，其实是最可怕最具竞争力的。

一次我乘坐飞机，机舱和空乘工作间之间的帘子有道缝，我无意中看到一个空乘打开一大瓶矿泉水，她先嘴对瓶口喝了一口，然后往杯子里给乘客倒水。

从那以后，我就不喝飞机上杯子里的水了，我会在过了安检之后买瓶装矿泉水带上飞机。

一次，我在天上喝光了瓶装矿泉水，拧上瓶盖，将矿泉水瓶放在座椅旁的小桌上。在飞机下降高度时，我身边的矿泉水突然发出巨响，我一看，矿泉水在没有任何外力的作用下，自己瘪了。我不知道这是怎么回事，充满好奇。下飞机回家后，我开始通过搜索引擎找答案。

我找到了原因，飞机在高空空气稀薄时，我喝光了瓶中的水。然后我将瓶盖拧紧。此时瓶中空气稀薄。随着飞机下降高度，空气压力增大，瓶中的空气终于不堪重负，被瓶外的空气挤压瘪了。

我需要证实我的论证，于是我专门买了机票，带上女儿，我认为这是留住女儿好奇心的最好身教机会。

在空中，我喝完一瓶矿泉水，将瓶盖拧紧，然后打开摄像机拍摄矿泉水瓶由饱满变瘪的过程。

我的父母是怎么留住我的好奇心的？我认为是阅读。我读的最初的几本书里，有《西游记》和童话。我认为这些书里夸张和离奇的故事，留住了我的好奇心。

我有孩子后，孩子就成为我的童话作品最早的读者。那时，我写出新作品，先给儿子郑亚旗读。我想用童话留住他的好奇心。

我的孩子不大喜欢听重复的故事，我写了这么大量的童话作品，和孩子永无止境要求我提供新童话也有关系。

亚旗小时候游乐设施还不多，当时我们家附近有铁路，我经常带儿子看火车，看多了火车，也有了一些感触。在这节课结束时，我送给学习成绩中下的孩子的爸爸妈妈我的作品里的一句话：

火车风驰电掣，气吞山河，但是终生只能在别人为它设定的轨道上行走，不能越雷池半步。与其轰轰烈烈走老路，不如战战兢兢走新路。要想颠覆，必须脱轨。

留住孩子的什么，比如好奇心，比让孩子获得什么，比如获得好的考试成绩，更重要。

第 *12* 课

拥有人生竞争的最后撒手锏，
和考试成绩没有一毛钱关系

有个成语叫杞人忧天。这个成语形容什么最贴切呢？我认为是形容学习成绩中下的孩子的家长的焦虑心情最贴切。您说了，作为学习成绩中下的孩子的家长，焦虑不对吗？怎么就是杞人忧天呢？

孩子从出生起，就加入了人生竞争。那么，人生竞争制胜的最后撒手锏是什么？换句话说，人生竞争制胜的终极武器是什么？这个终极武器和考试成绩之间有关系吗？

我认为，一点关系都没有。

先来看看我的成长经历。

我的最高学历是小学四年级。我小学四年级是 1966 年，由于众所周知的历史原因，我辍学了。随父母从北京到河南省遂平县五七干校劳动改造。

五七干校办了一所子弟学校，我就到位于河南遂平县的那所子弟学校就读。

一天，老师留了一个作文《早起的鸟有虫子吃》，让我们当堂写。我变更了老师的题目，变成《早起的虫子被鸟吃》，我是这样写的：

早起的鸟有虫子吃，这是很多孩子被长辈教诲的话。似乎只要勤奋，不管朝哪个方向发展，都会"有虫子吃"。事实上，首先要弄清自己是鸟还是虫子。如果你是鸟，因为早起，可能丰衣足食。但是如果你是虫子，一旦早起，必将引来杀身之祸。作为虫子，还是睡懒觉比较安全。要么干吗有"懒虫"之说？

据说世界上没有完全相同的两片树叶，更没有完全相同的两个人。大千世界，芸芸众生，千姿百态，如果不分青红皂白一刀切，其结果必然是无数人的人生道路越走越窄，众多虫子由于按照鸟的规则去早起，出师未捷身先死，为他人作嫁衣裳填饱肚子。

退一步，就算您是鸟，也应该避开就餐的高峰。所有鸟都早起去找虫子吃，虫子再多，摊到您嘴里能有一只就不错。您晚起，就您自己吃，即便全世界只有五只虫子，也全归了您。您要是吃不了，还可以储存起来防患于未然，高枕无忧。

再退一步，即便您是鸟，为什么非要吃虫子？不和同类竞争，改吃苍蝇岂不更好？如果您作为鸟真的靠吃苍蝇维持生命，等待您的是什么，就不用我说了。形容您"一夜成名，震惊世界，人类益友"都属于词汇贫乏。

早起没用。关键是要根据自身条件起得恰到好处。

老师看了我的作文，说学生不能变更老师的作文题目。我就跟老师辩论。他说不过我，他就说，郑渊洁，你当着全班所有同学说几百遍"郑渊洁是全班最没出息的人"。我说了几百遍，后来不想说了，再说就没有尊严了。河南那时候有一种鞭炮叫拉炮，拉炮不用明火引爆，使劲往两边拽绳子，拉炮就能响，应该是类似手榴弹的原理。那个时候我衣服兜里正好装了拉炮，我就将十个拉炮拧成一股，引爆了。其实那个部位还是挺危险的，因为在课桌底下嘛。

老师说，郑渊洁你被开除了，你滚出去。我就在硝烟中昂首挺胸滚出去了，那硝烟有点儿像今天演唱会时施放干冰的效果。于是，我就被学校开除了。各位家长可以想想，被学校开除的我，应该比您的考试成绩中下的孩子差很多吧？如果我说我小时候在学校的境况类似于考试成绩中下的孩子，绝对属于高攀。

咱们假设一下，如果您的孩子被学校开除，您使用什么教育方法能让您的孩子在人生路上逆袭，笑到最后笑得最好呢？

前几年，我爸爸邀请当年在河南遂平五七干校时的同事到我的住所做客，那位叔叔走进我家后，置身于四面都是顶天立地书柜的书房中，他掉眼泪了。他对我爸爸说，老郑啊，真没想到郑渊洁有今天，当时在河南渊洁被学校开除时，我们都认为他不进监狱就是获得了巨大人生成功。

那么，我爸爸妈妈是怎样将被学校开除的我培养成今天这样呢？

我认为，最关键的是他们通过我被学校开除这件事，让我受到了最重要的教育，让我获得了人生竞争成功的最后撒手锏，也就是终极武器。这件终极武器是什么呢？且听我慢慢道来。

我爸爸妈妈从来不打骂我，如果我犯了事，他们就让我写检查。他们对我的检查的要求比较高，不能使用上次的检查重复的语言，不能写"我以后坚决不怎么样怎么样"那种八股检查。

我被开除那天，我知道爸爸妈妈肯定会知道我被开除的事，所以事先就写好了检查。那篇检查被我写成了小说，人物、情节、铺垫、悬念都有了。

我爸爸种地回家一进家门，我看到他脸上很严肃，用今天的话说，脸上全是雾霾。我就知道他已经知道我被开除的信息了。

我忙双手呈上检查。爸爸看检查，看着看着，我发现他脸上的霾被大风吹得无影无踪。他看得都笑了。我想，这应该是我爸爸最初意识到儿子有当作家的潜质。

我爸爸说，明天他带我去学校向老师道歉，给老师念这个检查，还让我给老师鞠三个躬。后来我才知道开追悼会才鞠三个躬呢。

后来所有老师开了一个会，一致通过了开除我，不能收留我。

在回家的路上我爸爸说，没关系，小子，我在家自己教你。

很多年后，有一次我乘坐火车，旅途中看一本书，书名是《爱迪生传》。其中写道爱迪生被老师认为朽木不可雕劝退后，爱迪生的妈妈领着爱迪生在从学校回家的路上说：孩子，没关系，妈妈在家教你。当时我看到这里，想起了当年我的爸爸在我被学校开除后，对我说了相同的话，我在火车上泪如泉涌，吓坏了四周的旅客。

后来我爸爸在家自己教我。他当过军校的教员。他给我上的第一节课是递给我一本小册子，爸爸让我用一周时间背下这本小册子，遇到不认识的字就查字典。这本小册子的名字叫《共产党宣言》。作者是两个人，马克思和恩格斯。

大家可能意识到了，后来我在家教我的儿子郑亚旗，应该属于"上梁不正下梁歪"，是当年我爸爸在家教我的对我的身教的延续。

可能有家长会问，你郑渊洁被学校开除后，你的爸爸在家教你，怎么就给了你人生竞争的终极武器呢？

首先我被老师开除缘于我的作文，严格说，我那篇作文的观点并非不正确，老师以文治罪因为作文开除我，我爸爸不认为儿子犯了错误，而是认为老师可能犯了错误。在老师和学生发生矛盾时，并非都是老师正确，如果学生正确，家长站在孩子一边，就对孩子进行了正义感和同情心的滋养和培育。而同情心、正义感是人生成功的终极武器，如果再加上与人为善和敬业，孩子就会机遇四伏，稳操胜券。

咱们假设我爸爸妈妈在我因为写作文被学校开除后，对我大打出手、辱骂责备，我就会感到冤枉、委屈和无助，感到暗无天日，内心滋长怨气甚至仇恨。

而爸爸在我被学校开除后，自己在家教我。各位家长设身处地想想，这对孩子是进行了什么样的教育？我的爸爸是我的靠山，当我在学校不是因为犯了错误而遇到排挤时，爸爸是我的依靠，这就让我受到了最好的同情心和正义感教育，从而让我拥有了人生竞争的终极武器。

我在写作四十年中也遇到不少困难。每当我遇到困难时，都是爸爸当年那句"没关系，我在家教你"激励我战胜困难。我才能一个人写《童话大王》月刊三十三年，我的作品书刊发行量才能超过三亿册。

让孩子拥有人生竞争最后的撒手锏，和考试成绩，真的没有一毛钱关系。

第 *13* 课

将孩子培养成自学的学霸

人们通常说的学霸，是指在学校学习的考试成绩极其优异的学生。其实，我认为学霸有三种。第一种学霸是在学校考试成绩极其出色的学生；第二种学霸是自学的学霸；第三种是双料学霸，在学校考试成绩优异，离开学校后的自学能力和有强烈自觉自学素质的双料学霸。

我说一句自我评价，大家别拍砖，也别说我自恋。我认为我是第二种学霸，也就是自学的学霸。我只上过四年小学，我之所以能一个人写《童话大王》月刊三十三年，到今天出刊四百五十期，发行了两亿多本，而且还在继续写，应该是我坚持自学的结果。

我认为，学校教给学生很多知识，功不可没。但是有的学校有个瑕疵，它让学生误以为拿到文凭就毕业了。我们看到有个别的毕业班的学生在毕业时撕书，就是这种感觉，啊，我终于不用再学了，我拿到毕业证书了，我毕业了。

其实，人的毕业证书只有一个，谁也看不见，人真正的毕业证书就是死亡证书。

现在知识更新的速度这么快，用"日新月异"形容都属于低估，您在学校学到的知识，您离开学校没几年就过时了。知识和膝关节一样，是有保质期的。学习必须活到老学到老，否则您就会落伍就会被时代淘汰。所以说，人的毕业证书只能是死亡证书，谁认为自己拿到毕业文凭就毕业了，谁就会在和别人的竞争中出师未捷身先死。

有一句很霸气的话叫孤独求败。什么样的人能抵达孤独求败的人生高境界？

我认为，清楚人的毕业证书只能是死亡证书的人，就能达到在事业上孤独求败的如入无人之境的超级境界。我们试想，如果绝大多数人认为拿到毕业文凭就毕业了，离开学校后不再坚持每天自学，而只有个别人清楚学习是终生的事，人的毕业证书只能是死亡证书。您仔细想想，在人生的竞争中，是不是等于认为拿到学校的毕业文凭就毕业了的人主动退出竞争，将胜者的王冠拱手让给认为人的毕业证书是死亡证书的人？

达到孤独求败高境界的人，见到其他人，在心里肯定都暗暗说一句话，这句话就是"承让"。

在这个世界上，我认为所有人都是强者，每个人都是在妈妈肚子里击败了其他数十亿个竞争对手数十亿个精子脱颖而出的那个唯一的胜者。

我们知道，在体育比赛的冠亚军决赛时，由于双方都是强者，能获得冠军的那个人，获得冠军的原因并不是自己在决赛时更出色，原因只能是对手失误了。每次冠亚军决赛，都是亚军的失误成全了冠军。

人生竞争，所有参加者都是王者，都是战胜了其他几十亿个精子竞争对手的冠军。在这场王者争霸赛中，胜者并不是由于他们多么出色，而是由于其他参赛者的失误造就了胜者。每当大家在媒体上看到那些人生事业的佼佼者那些靠合法劳动致富的出类拔萃的亿万富翁企业家这首富那首富时，您千万别羡慕他们，应该是他们感谢您，是您的失误成就了他们。人生竞争的战场上，所有现在地球上的数十亿人都是强者都是王者，强者之争，谁失误少，谁拔头筹。那么多人因为什么失误？他们认为拿到学校的毕业证书就毕业了。他们不会自学，或者不屑于自学。

我认为，在这三种学霸里，顶级学霸是第三种学霸，也就是双料学霸，在学校考试成绩也是学霸，同时拥有强大的自学能力和自学意识。这是我培养女儿的目标。

排名第二的学霸，我认为是自学的学霸。

倒数第一名的学霸，是只在学校考试成绩优异的学霸。

清楚这个排名，学习成绩中下的孩子的家长，就不必焦虑和惶惶不可终日了。将孩子培养成自学的学霸，不需要学校和老师的配合，您在家里足不出户即可办到。

虽然您的孩子目前在学校考试成绩中下，如果您让孩子从小养成自学的好习惯，并拥有强大的自学能力，让孩子成为自学的学霸，您的孩子无需通过考试的折磨，无需经过智商和人品未必比孩子高的人在事先知道考试答案的情况下五十步笑百步极具优越感居高临下虐孩子，就可以成为在学霸中名列第二的自学级学霸。最终在人生路上进入孤独求败的高境界，在心中感恩芸芸众生，见到每个人时，都会在心中暗暗说承让承让。您完全可以将自己的目前考试成绩中下的孩子培养成自学的学霸，等到日后您的孩子进入孤独求败境界时，您就可以以太上皇或太后的心态安享幸福的晚年，享受教育孩子成功的成就感，还可以像比尔·盖茨的爸爸那样，写一本您是怎么培养孩子的书。

我现在和各位家长分享，我的父母是怎么将我培养成自学的学霸的。

上一节课咱们说了，我是曾经被学校开除的学生，肯定比您的孩子今天在学校的境况差。如果我的爸爸妈妈能将我这样的"朽木"培养成自学的学霸，您也一定能将您的考试成绩中下的孩子培养成自学的学霸。

我1955年出生在石家庄。我出生时，我爸爸郑洪升二十三岁。是石家庄高级步兵学校的教员。他只上过三年私塾，是山西临汾人。我妈妈刘效坤生我时二十二岁，她是浙江绍兴人。我出生前，是我爸爸深夜骑着平板三轮车将我妈妈运到石家庄和平医院的。我爸爸将我妈妈送进产房，然后爸爸去办住院手续。等手续办完，我就来到这个世界上了。

2014年8月21日，是我爸爸妈妈钻石婚纪念日。我陪爸爸妈妈到石家庄参加钻石婚纪念活动。在活动进行当中，我突然对我的身份产生了好奇，大家知道，我的好奇心是博士后水平。

我就当众提出一个疑问，我的父母是在1954年8月21日结婚的，而我是在1955年6月15日出生的。我之所以只上过四年小学能成为作家，是不是由于我的真实身份是那什么，传说中那什么比那什么聪明。当时热闹的钻石婚纪念日现场一下子就安静了。

经过在场的我出生的医院院长掐指计算，院长宣布，我是洞房宝宝。换句话说，类似于球类比赛的压哨球。据说洞房宝宝的聪明程度和那什么相差无几。

和平医院还将我的原始出生记录送给了我。那张出生记录的纸张已经泛

图 / 郑渊洁父母的钻石婚纪念活动

如果我的爸爸妈妈能将我这样的"朽木"培养成自学的学霸，您也一定能将您的考试成绩中下的孩子培养成自学的学霸。

——郑渊洁

黄。上面是这样写的:

产出物所见。第一句话是"哭声大"。第二句话是"有肛门"。看来在1955年,对于刚出生的婴儿,有肛门是第二重要的事情。

想想也对,第一重要是进口,第二重要是出口。光进不出,无法活人。我们的爸爸妈妈在教育孩子时,有没有想到孩子的出口?有没有为孩子的出口考虑过?这里所说的孩子的出口,不是生理上的出口,而是精神上的出口。其实,精神上的出口比生理上的出口更重要。家长和老师有了气,可以往孩子和学生身上撒。孩子有了气,无处可出,只能憋在心里。如今的孩子患精神疾病的越来越多,和精神上没有出口有关系。

我出生时,我家是一间七平方米的平房。房间里的三分之二面积由一张土炕占据,土炕在冬天时可以烧火,火源同时可以做饭,炕头有灶台,和地道战里的灶台地道出口差不多。

刚才说了,我爸爸只上过三年私塾,他清楚,身为教员的他,必须自学,否则,没几天,学员就可以教他了。从我出生起,我看到的最多的场面,就是我爸爸坐在炕上,趴在小炕桌上看书和写字。感谢上天,让我出生时我家只有一间房子,如果有两间房子,我可能就不能随时必须看到爸爸的看书和写字状态了。如果是那样,我今天不可能成为作家。

由于我从出生起就每天看到身边的爸爸看书写字,我从小就对看书和写字产生了崇拜心理。我认为那是世界上最好的事。当我的脖子能独立支撑我的头时,我爸爸就抱着我看书。他是抱着我看完《资本论》的。我看到爸爸拿着笔往书上画道,我也模仿。至今,我爸爸珍藏的《资本论》上还有我不到一岁时画的铅笔道和"眉批"。

准确说，我爸爸在我三岁之前，已经完成了将我培养成自学的学霸。

"三岁看大"这句话，真的相当准。

我很少做噩梦。做过的噩梦中，有一个是我出生时我爸爸是亿万富翁，我们家有很多房间。我从出生后就由保姆照看，我的房间和我爸爸的房间不在一层楼，我几乎见不到我爸爸平时在干什么，比如看书。我见得最多的人是保姆，包括晚上睡觉都是和保姆在一起。那我剧透一下我这个噩梦的大结局：我长大后，成为家政公司的人力资源部门负责面试录用保姆的工作人员。

需要说明一下，我的这个噩梦的结局没有贬低家政服务公司人力资源部负责面试保姆的工作人员的意思。我在生活中见到的教授有不少真的没有我见到的工人、农民素质高。家政公司人力资源部面试保姆的工作对我来说之所以是噩梦，原因是我对这个工作没有兴趣。大家知道，对从事的工作毫无兴趣，就是噩梦。

咱们再来说自学。自学有两个关键。第一个是有阅读的习惯。第二个是对这件事有兴趣。

让孩子养成阅读的习惯，孩子看的第一本书很关键。现在是声光电的世界，孩子从出生起就被声光电诸如动画片手机游戏电脑游戏包围，如果孩子看的第一本书不能吸引他，孩子就会认为阅读是一件无聊和枯燥的事，就会从此对阅读敬而远之，投入声光电的怀抱。家长应该特别重视孩子看的第一本书，应该经过精心挑选，必须是能吸引孩子的书。如果第一本书孩子看了感到很有意思，孩子就会爱上阅读，哪怕孩子看的第二本书无聊，他也知道了世界上有有趣的书，会再去找。孩子看的第一本书，应该是爸爸妈妈看过

图 / 被小郑渊洁画过的《资本论》

把目光从别人都注意的地方移开，

去看没人看的地方，那里遍地是黄金。

——郑渊洁

的，检验过的。

有一件事可能会让您的孩子终生远离阅读，应该引起家长警惕。

2005 年，我曾经被出版社拉着去小学讲课，后来我发现，讲课是幌子，作家进小学讲课的实质是出版社和书店、学校勾结起来向小学生兜售图书。学校会从向学生推销的图书中获得回扣。如果老师对学生说，过几天有作家来给大家讲课，讲完课给你们在书上签名。老师动员学生向家长要钱买书，学生几乎是不能不买的，表面看是自愿，实质是强迫。

当我发现出版社和书店运作作家进学校讲课的实质是卖书后，我就不参加这样的活动了，后来，我到学校只讲课，不卖书。

我觉得阅读很重要，特别是小学生的第一本书，应该由家长向孩子推荐。事实上，进校推销的童书，大多数是卖不出去的劣质童书。我们可以想一下，哪个图书销得很好的作家会舟车劳顿失去写作时间马不停蹄每周去数所小学讲同样内容的课其真实目的是卖书？

如果孩子在老师的动员下买了劣质童书，孩子回家一看感觉没意思，很可能从此远离阅读。而不喜欢阅读的孩子，就永远关闭了成为自学的学霸的大门。换句话说就是永远与孤独求败无缘。当您的上小学的孩子对您说过几天有作家来学校讲课，老师让买书时，您应该保持警惕。这可能让您的孩子终生远离阅读。

大家只知道我将女儿培养成了学霸，其实，我的儿子也被我培养成了自学的学霸。如今的郑亚旗走到哪儿都带着书，他乘坐交通工具例如飞机时，都是看书。我们祖孙三代人我爸爸、我和儿子见面，大部分时间我们是聊最近看过的书。我们还常互相推荐书。我当年在家教儿子时，没有英语课程，但是郑亚旗通过看英语电影，愣是学会了英语，他已经可以使用英语和他人交流，他学英语完全靠自学。

外人对我家的了解，似乎除了我女儿，我们家都没有学历。还有媒体称我们家是三代小学生。其实，从我爸爸起，到我，再到我儿子，都是学霸，而且是自学级别的超级学霸。今天借这节课，可以给我们家换个称谓，我家是三代学霸，自学的学霸。

您的孩子学习成绩中下，完全不影响您将孩子培养成自学的学霸。还可能更有利于您将孩子培养成自学的学霸。有句话叫条条道路通罗马，特别适合对学习成绩中下的孩子进行的家庭教育。

我对生命起源自然科学一窍不通，我们有那么多这方面的博士博士后和教授专家，2005年6月22日为什么和世界顶级的研究生命起源的大师米勒对话的不是他们而是我？

我不会任何外语，连英语二十六个字母都认不全，我们有那么多能熟练掌握多种外语的高材生，为什么是我而不是他们被选中从事公共外交？我的足迹已经遍布世界五大洲。

作为爸爸妈妈请记住，条条道路通罗马，家庭教育最忌钻死胡同，非得和别人家的孩子走相同的路。我在2005年第1期《童话大王》月刊里有这样一段话：把目光从别人都注意的地方移开，去看没人看的地方，那里遍地是黄金。这句话同样适合家庭教育，特别是适合对学习成绩中下的孩子的家庭教育。

有了孩子，对于每位家长
都是一个千载难逢的催人
奋进的机会。

——郑渊洁

图/常年坚持阅读的郑渊洁的父亲

第 *14* 课

决定孩子人生成败的关键是什么

这节课的题目是《决定孩子人生成败的关键是什么》。注意，是人生成败，不是在学校的考试成绩的成败。人生成败是终极成败，在学校的考试成绩不是人生的终极成败。应该说，所有家长都关心对自己孩子的教育。这个教育的目的，事关孩子的一生，而不是只关乎孩子在学校的考试成绩。孩子在学校的考试成绩，只能代表孩子在学校的学习成绩，不能代表孩子成年后的成就，事实上，孩子在学校学习成绩不好，在日后的人生路上大展宏图的案例比比皆是。作为家长，必须意识到这个现实。

那么，决定孩子人生成败的关键是什么呢？

咱们来看看我的经历，从中或许能找出答案，对学习成绩中下的孩子的家长可能有启发。

在上一节课里，咱们说到了我出生时，我的爸爸郑洪升是石家庄高级步兵学校的教员，我出生时，我爸爸二十三岁。

我五岁时，解放军总政治部到石家庄高级步兵学校挑能讲课和能写的人。石家庄高级步兵学校的校长说，我们这儿的小郑特别能写，讲政治课能让下面的学员从头笑到尾。

于是我爸爸就调到了北京的总政治部，我们全家就从石家庄迁到北京了。我从五岁开始北漂。我1962年上小学，我爸居然俗了一回，想让我上部队的一所重点学校。但那个重点学校只收校官的孩子，我爸当时是大尉，级别不够，那学校就把我拒之门外了。

我爸当时特别没面子。我记得那学校门口有一条河，我们回家等公共汽车的时候，我爸把一个挺大的石头踢河里去了。他的肢体语言告诉我，他觉得他很失败，因为我的邻居家的小伙伴都上了这所重点学校。我爸说，那就上管片的马甸小学吧。

前几年，这所重点学校邀请我去讲课。我在电话里问这所学校的校长，你们学校门口是不是有条河？校长说，你怎么知道？你来过我们学校？我说，来过，1962年，当时你们不要我。校长向我道歉。我说，我要感谢你们，因为在马甸小学我碰上好老师了。

其实，老师比学校重要。再好的学校也有差老师，再差的学校也有好老师。碰上好老师跟买彩票中奖的概率差不多。

我在马甸小学碰上好老师了，她叫赵俐，是教语文的。赵老师比我们大十岁，是我的班主任。

马甸小学非常简陋，当时是农村的小学，教室是在破旧的庙里。学校要求学生每天上学除了书包之外还要拿个篮子。那时学校门口的路不叫北三环中路，叫学院东路，路上跑得最多的不是汽车而是马车。马跑着跑着会随地大小便，正好附近的农民需要粪便种粮食，于是就让我们这些学生在上学的路上给他们捡马粪。

　　学校门口有一张桌子，还有一个秤，会称每个学生捡了多少马粪。谁捡的马粪多老师就会给谁贴一朵小红花。我有一次在路上看见一堆马粪，还有两个高年级的学生也看见了这堆马粪，我们就抢马粪。我摔倒了，我急中生智把帽子摘下来扣到马粪上。

　　我就是上了这样的一所小学。上到小学二年级的时候，有一天赵老师说，今天教你们写作文。她出了一道题目，让我们在下课铃响之前根据这个题目组织出一篇文章。她出的题目叫《我长大了干什么》。

　　赵老师导向我们说，你们长大了想有出息吗？我们说特想。她说从小如果有远大理想，长大了就能有出息，你们这篇作文要写长大了当科学家、工程师、艺术家……所有有头有脸的职业她都说了。

　　我拿起笔正准备写的时候，想起我妈妈从小对我的教育，我妈妈是有个性的人，她说的最多的话是"你走你的阳关道，我走我的独木桥"。她反复告诉我，哪儿人多别去哪儿。我问为什么，妈妈说人多的地方不安全。她常对我说，别人做什么，你就别做什么。我妈妈祖籍是浙江绍兴，我不知道绍兴人做事是不是都这样。

　　我妈妈对我进行了这么多年做事别和别人一样的教育，但我没有机会实践，我认为这次写作文可以尝试一下，我要通过这次写作文和别的同学不一样一回。如果成功了，这辈子别人走什么路，我就不跟在他们后面走，我要走我自己的路。他们的脑子想什么事，我不重复他们的思想，我要发明我自己的思想。他们的嘴说什么话，我不像鹦鹉和八哥那样克隆他们的话，不把我的声带变成他们的子公司，我要发明我自己的语言风格。

　　下课铃响的时候，我的那篇作文就写完交上去了，它的题目是《我长大

图／上小学的郑渊洁

人性的本质是渴望欣赏，鼓励能将白痴变成天才。

——郑渊洁

了当淘粪工》。我小时候国家宣传一个劳动模范，就是淘大粪的，叫时传祥，国家主席都不嫌他脏，满大街都贴着国家主席和他握手的照片。那时候我是时传祥的粉丝。

但是尽管这样，这篇作文交上去，我的心里还是有点儿不安，我怕老师说我跟她捣乱。因为无论如何，当淘粪工和远大理想不能完全划等号。

过了一个多月，我都忘了这件事了。有一天上课的时候，赵老师说，郑渊洁你站起来。我上课的时候有个好习惯，就是爱走神儿。所有的科学发现都是通过走神儿完成的。走神儿是另一种精神高度集中，是一种联想，是触类旁通。爱因斯坦骑自行车的时候走神儿了，他想为什么两边的东西都往后走。据说最初的相对论的萌芽就是这么产生的。我一走神儿，老师就能发现，她看出来后就马上出一道题目考我。我如果回答不出，她就挺生气的，让我站一会儿。后来我发现，走神儿时眼睛不能看窗外或天花板，要盯着赵老师的眼睛。那次我正盯着赵老师的眼睛走神儿，她又把我叫起来了。我想这招儿也不灵了，穿帮了。咱们要在《郑渊洁家庭教育课》第二单元第17课专门谈谈作为家长如何正确对待孩子爱走神儿的问题。

赵老师说，郑渊洁你上来，我就一步一步地蹭上去了。她说，你转过来面对大家，我就特紧张地转过身来。

赵老师说，郑渊洁，你上个月写的那篇你长大了当淘粪工的作文……当时我就不太服气，我想，我作文的题目是《我长大了当淘粪工》，不管谁念都应该是"我长大了当淘粪工"，而赵老师念的却是"你长大了当淘粪工"。

赵老师继续说，郑渊洁你的这篇作文，老师认为与众不同，很有新意，老师给你推荐到学校的《优秀作文选》上发表了。赵老师说，你现在可以免费领两本，其他同学每人花一毛八分钱买一本。

马甸小学在 1963 年油印了一本定期编辑的优秀作文选，刊登学生的作文，用来激发学生对写作文的兴趣。在刊登我的作文之前，这本优秀作文选只刊登高年级同学的作文，四年级以下同学的作文从来没刊登过。我是二年级的学生，第一次写作文就被选上了。从那一刻起，我就产生了一个错觉：在这个世界上，我郑渊洁写文章写得最好，谁也写不过我。这肯定是错觉。但如果没有这个错觉，今天我不可能成为作家。

咱们假设赵老师在我写了长大想当掏粪工的作文后把我爸爸妈妈叫到学校，老师对我爸爸妈妈说，你们想给淘粪工当爸爸妈妈，我还不想给淘粪工当老师呢，然后让我重写。如果是这样，我今天不可能成为作家。

后来我自己有了孩子以后，我就知道教育孩子最正确的方法是，发现孩子身上的长处，告诉他，你什么地方行。最错误的方法是，发现孩子身上的短处，告诉他，你什么地方不行。所有人都有不行的地方，作为父母，孩子身上不行的地方，您有必要告诉他吗？您是希望自己孩子将他身上不行的地方发扬光大，不离不弃伴随孩子一生？

如今应该所有家长都在家里收到过快递，您是怎么处理快递纸箱的？

我从不扔快递包装纸箱，而是将它们收集起来卖废品。我的微信通讯录的人数极少，我加微信特别慎重。在我的极少人数的微信通讯录中，处于优先置顶位置的有收废品的先生的微信。

我积攒的快递纸箱数量多了，就微信联系收废品先生来。您会说，纸箱能卖多少钱？醉翁之意不在酒，旧纸箱确实卖不了多少钱，但这个交易能让我随时掌握纸的价格。我的作品主要靠书刊发行，我需要随时掌握纸张的价格。只要收废品时纸箱的价格高了，印刷我的作品的书刊用纸的价格必然高。所以每次纸张涨价时，都不是出版社告诉我，而是我告诉他们纸张要涨价了，提醒出版社下次我的图书加印时可以多印一些。屡试不爽。这适用一句古诗：春江水暖鸭先知。

作为家长，在教育孩子时，特别是教育学习成绩中下的孩子时，一定要多鼓励孩子，因为孩子由于考试成绩不佳在学校已经没有尊严了，如果回到家里，您再雪上加霜打击孩子贬低孩子，这就好比我们现在政府对贫困人口有最低生活保障，作为家长，我们必须对孩子有最低尊严保障。春江水暖鸭先知，作为家长，您肯定知道自己孩子的长处所在，请您告诉孩子，他什么地方行。就像我的小学班主任赵老师告诉我，我写作行那样。

我根据自己的这段经历，总结出一句话，我写进了我的作品《航空妹妹》里，刊登在 1999 年 12 月号《童话大王》月刊上：人性的本质是渴望欣赏。鼓励能将白痴变成天才。

第 *15* 课

好孩子的标准不是听话

我们经常听到家长对孩子说：

"真是一个听话的好孩子。"

"乖，听话。"

好孩子的标准是听话吗？咱们假设我应邀去一个国家，有个外国人和我见面时，对我说，你们中华民族真是个听话的好民族，我会认为他是在赞美咱们吗？估计我会用我唯一会的外国骂人话回敬他。

如果所有孩子都是按照听话是好孩子这个标准培养大的，中华民族不就成了一个听话的民族了吗？

我的爸爸妈妈从来没对我说过"你要听话"这句话，我也从来没对我的孩子说过"听话"这句话。然而，我特别尊重我的爸爸妈妈，特别重视他们对我说的任何话。我的孩子也很尊重我，也很重视我说的话。我倒是见过一些被父母从小用听话是好孩子标准训练大的孩子，长大成人后不重视父母的话。

这说明，从孩子小时候就训导他听大人的话，孩子未必听话。从未要求孩子听大人的话，孩子反而可能听话。在之前的课里咱们说了，孩子身上有三个显著特点，其中之一是逆反心理。

有自己的想法，不人云亦云，是一个人身上珍贵的品质。

一些家长或老师认为，学习成绩中下的孩子，往往和不听话有联系。孩子之所以学习成绩不好，是不听话的结果。

如果说好孩子的标准不是听话，学习成绩中下的孩子身上，就可能拥有人身上珍贵的品质：有自己的主见。不盲从。有反抗意识。

这样的孩子有一个特点，就是普遍调皮、好动、爱胡思乱想，用今天的话说是脑洞大，甚至喜欢恶作剧，但是他们重感情。据说学生长大后，能去看小学老师的，大都是当年学习成绩不特别优秀的学生，甚至是经常被老师贬低的学生。而当年学习优秀甚至是班干部的学生，长大后看望小学老师的并不多。

我 1981 年创造的文学角色皮皮鲁，就是这样的孩子。

事实上，成功人士当中，有相当多的人小时候属于调皮的孩子。对于孩子学习成绩中下的家长，很可能因祸得福。

这就好比乘坐飞机，坐经济舱的乘客可能会羡慕坐头等舱的人。其实不然。我应邀参加活动时，邀请方都给我买头等舱，您知道乘坐头等舱的弊病吗？头等舱乘客登机后，空乘会拿给乘客一双拖鞋，头等舱乘客大都会换上拖鞋，我们知道，不是所有人的脚都会发出香水的味道，也有人的脚会散发令人不愉快的味道，加之头等舱空间狭小，和经济舱又有厚帘子相隔，一些脱离了鞋子束缚的脚的味道会在头等舱蔓延绕梁不绝，令人回味无穷呕吐恶心，常坐头等舱的人都知道。这就属于因福得祸。而乘坐经济舱的人由于没有拖鞋可换，大多数人不会脱鞋，就算有个别人脱鞋，由于经济舱空间大，脚上的臭味也掀不起恶浪。乘坐经济舱就好比学习成绩中下的孩子的家长，可能因祸得福。

我的女儿在小学时遇到不称职的老师，那老师曾经用手指戳我女儿的头，还在教师办公室当着我女儿和同学的面长时间抽烟。

一次，那老师在课堂上用恶语当着全班学生的面贬损一位学生，我女儿看不下去了，她当堂放声大哭，老师和全班同学诧异。老师问我女儿，你哭什么？我女儿不回答，继续大哭。老师给我打电话。

女儿放学回家我问她为什么在课堂上无原因大哭，女儿说老师用那么难听的话骂同学，她没有别的办法制止老师，只能用大哭的方法制止老师。

我同那老师沟通无效后，对女儿说，没关系，我在家教你。然而女儿是全中国最喜欢上学的孩子之一，她坚持要上学。我无奈，当时北京有了国际学校，有的国际学校招收一定比例的中国籍学生，于是，我将女儿从公立学校转到北京一所国际学校就读。女儿在这所国际学校的一个经历，我记到了专门为女儿记录的教育日记里。

一天上课时，外籍班主任生病，临时由一位中国老师代课。这位老师刚从一所公立名校到这所国际学校来教中文课，那所公立名校每年轮换派一位老师到国际学校教中文。

那所国际学校每个班十二位学生，上课时学生可以走动，可以去洗手间，可以喝水，可以交谈。那位代课的老师不适应这样的课堂环境，她就对着学生们说了一句话："学生要听老师的话。"

这十二位学生听了老师这句话先是一愣，然后不约而同鱼贯而出跑向校

合格的家长的标志是：

把为家族创造荣耀的重担自己挑，

给孩子构建一个轻松惬意的人生。

——郑渊洁

长办公室，向校长投诉。

校长一听很是吃惊，他说老师真的对你们说"学生要听老师的话"？学生们都点头。

校长立即将临时代课的老师叫来，对那老师说，对于教师，对学生说"学生要听老师的话"属于严重错误，学生身上最珍贵的素质，是敢于质疑老师，敢于和老师辩论。念你刚来学校是初犯，给你一次改正的机会。

作为家长，应该清楚什么样的人能取得人生成功。不盲从权威，敢于质疑，有自己的主见，不随波逐流，应该是一个人能获得人生成功的基本素质。能拥有以上素质的人，是从小日积月累形成的。家长如果将"你真是个听话的好孩子"天天挂在嘴边训导孩子，孩子就可能成为一个逆来顺受、人云亦云、没有主见的人。

我的儿子郑亚旗在小学时，遇到这样一件事。一天亚旗放学回家对我说，班主任老师将期末考试题以及答案告诉全班同学了。老师还让我们背下来，还说不许告诉家长和外班同学。

儿子的班主任参加出题，所以知道考试题。

我大吃一惊，脱口说，这是漏题啊，老师这是教你们干坏事啊。

亚旗问我，为什么是干坏事？

我说考试最基本的应该是公平，所有参加考试的人都不知道考题和答案。否则考试就不公平了，不公平的考试，就是干坏事。

亚旗问，老师为什么这样？我说，她应该是想在和其他班的老师竞争时胜出，那时评判老师的工作成绩，老师所带的班的学生期末考试成绩是一个主要依据。

郑亚旗说，这么严重的坏事，你应该去告诉校长了吧？我想了想，说，如果我向校长举报，咱们需要事先做好离开这所学校的准备。否则你在班上将度日如年。我还记得当时亚旗说他本来就度日如年了，应该是度日如十年吧。

当时我还没做好将孩子领回家自己教的准备，只好选择了另外一种和老师漏题作斗争的方式。我认定，如果我屈从老师漏题并同意我的孩子参与期末考试作弊，对我的孩子是负面教育。

郑亚旗问我，咱们用什么方式和老师拉着我们干坏事做斗争？我说期末考试时，你故意答错题，拉她的分。但前提是别低于六十分，低于六十分要补考，划不来。学生考高分不容易，其实，故意考低分又不能低于六十分要求自己正好考六十分更不容易。

我听说有的家长用物质手段刺激孩子考高分，我就借鉴了这个方法。我对儿子说，如果你期末考试考到六十分，我就给你买你觊觎已久的数万元的烧油的遥控直升机。考六十一分，奖品的等级下降。六十二分之后奖品等级逐级递减。我认为，这才是惊天地泣鬼神的父爱。

我认为，孩子的道德品质是非观念比考试分数重要。面对这样的老师，我除了将孩子领回家自己教，还能做什么？

尽管我从来没对我的孩子说过"你要听话"这句话，但我认为孩子也要听话，听谁的话？听法律的话。作为父母，要让孩子清楚，对爸爸妈妈最大的爱，是看好自己别惹事。

有一个也是未成年人聚集的地方邀请我去给那里的孩子讲课，这个地方的名称叫少管所，全称是少年犯管教所。可能少管所觉得请两院院士去给孩

子们讲课差距太大，请我这个曾经被学校开除的人给少管所的孩子讲课没有多少反差，孩子们容易接受。

我第一次去少管所是 1980 年 11 月 17 日，那天和我一起去少管所的还有作家萧军。萧军的文学创作曾经得到鲁迅的帮助。我在少管所目睹了家长到少管所探望被管制的孩子，目睹了爸爸妈妈的泪眼。在那一刻，我就意识到，作为孩子，对爸爸妈妈最大的爱是看好自己别惹事。

一次我应邀去少管所讲课，讲课之余我和一位个子较小的孩子聊天。我问他是犯了什么罪进来的。他说是盗窃罪。我问，盗窃罪应该有年龄限制吧？你看上去很小呀。

他告诉我，《刑法》规定年满十六岁的人，一次盗窃了五百元，就构成盗窃罪。当年的规定是五百元，现在应该提高了。我问他，你是在多大的时候偷了多少钱？

他说，平时同学过生日，过生日的同学会请大家吃东西。他家穷，他过十六岁生日时，也想请同学，但没钱。他就在上学乘公共汽车时偷了一个钱包，被当场抓住，钱包里正好五百元。他当天又正好十六岁。于是犯了盗窃罪。当时规定年龄按当天零点计算，现在好像改为晚上二十四点。我当时就说抓错了人了，应该把你的监护人爸爸妈妈和老师抓起来，因为他们没有告诉你什么是盗窃罪和盗窃罪的具体规定。他说，您告诉自己的孩子了么？

我一惊。我离开那少管所后，一头扎进路边的书店，买了一本《中华人民共和国刑法》，我一看，当时咱们中国的刑法有四百一十九个罪名。有的罪名到了十四岁就要判刑进少管所，其他罪名到了十六岁就会被判刑。

我将儿子叫过来，给他念《刑法》，想让他知道哪些事不能做。《刑法》比较枯燥，大家知道考律师比较难。郑亚旗摸我的额头，说你没事吧。

后来我就将《刑法》的四百一十九个罪名编写成了四百一十九个寓教于乐的故事，作为给郑亚旗的家庭法制教材，名为《皮皮鲁和419宗罪》。这样，郑亚旗看起来津津有味，同时知道了哪些事情可以做，哪些事情不能做。

郑亚旗长大后，想将《皮皮鲁和419宗罪》出版。我不同意。我说很多少管所所长是我的朋友，如果这本书出版，没准他们就下岗失业了。人家当初好心好意请我去少管所讲课，结果我由此写了本书竟然导致人家失业。

郑亚旗说，作为给孩子写作的作家，写作的目的之一就应该是让所有少管所所长下岗。后来郑亚旗运作将《皮皮鲁和419宗罪》出版了。这套书出版后登上了少儿图书销售排行榜第一名。

我在作品《我是钱》里有一段话，刊登在1995年第8期《童话大王》月刊上，我认为这段话也适用于学习成绩中下的孩子的家长：这是一个禁忌相继崩溃的时代，没人拦着你。只有你自己拦着自己。你的禁忌越多，你的成就越少。人只应有一种禁忌：法律。除此之外，越肆无忌惮越好。

第 *16* 课

让孩子写得一手好文章

学习成绩中下的孩子的父母，在对孩子进行家庭教育时，应该多动脑子。我们走人生路，不是靠腿，而是靠大脑。

各位爸爸妈妈，我们在教育孩子时，特别是教育学习成绩中下的孩子时，我们要分析什么技能可以让学习成绩中下的孩子在未来的人生路上逆袭，反败为胜，笑到最后。我们要分析什么技能在孩子长大后工作时，能抵消孩子的低学历或者不是名牌高校学历的劣势，受上司、老板或者同事的青睐。

我们作为人类的一员，要分析人类发展的过程，分析它什么时候发展得快，什么时候发展得慢。如果能找到人类发展快的原因，作为人类一员的我们，照着做，就会在和别人竞争时胜出。

我们看看人类的发展过程。从猿变成人可能经历了几百万年的时间，开始是在树上活动，从树上下来以后是四肢着地走路，当他能站起来的时候，又用了极其漫长的时间。

但是奇怪的事情发生了，最近五千年，人类就像坐上了火箭，突飞猛进，发展得非常快，令人瞠目结舌。究竟是什么原因导致人类在最近五千年飞速前进呢？

我认为是人类发明了文字。

有了文字以后，我们就可以记录下来一代一代人对世界的观察，不用每次都重新来一遍了。作为人类的一员，如果你善于阅读，善于使用文字记录你对这个世界的看法，你就会比别人进步快，在和别人竞争时，你就会胜出。

作为父母，应该想办法让孩子写得一手好文章。方法是让孩子爱上阅读，阅读的书多了，孩子应该就有了用笔记录自己对世界观察的愿望。看了孩子写的文字后，如果家长由衷欣赏和赞美，会引发孩子对写作的兴趣。

我当年将儿子郑亚旗领回家自己教时，为他编写了十部故事体家庭教材，其中一部是教郑亚旗写作的，教材名称是《舒克送你一支神来笔》。我通过《舒克送你一支神来笔》教郑亚旗写作。

孩子写得一手好文章，就等于拥有了一把万能的钥匙，拥有了一项能够在社会上增强竞争力的通用技能，无论做什么职业从事什么工作，都能在和别人的竞争中胜出。

郑亚旗的写作能力是通过我给他编写的语文教材《舒克送你一支神来笔》获得的。郑亚旗从十五岁时开始发表作品，第一篇作品发表在 1998 年 4 月 15 日《中国电脑教育报》。郑亚旗长大后，将我给他编写的十部家庭教材运作出版了，包括《舒克送你一支神来笔》。

后来郑亚旗创办了皮皮鲁讲堂，他认为我面对面教写作可能会让孩子对写作发生兴趣，就聘请我在皮皮鲁讲堂面对面和孩子们交流写作。

我在皮皮鲁讲堂教孩子们写作文的方法是当场抽签产生一位孩子，这位和我素不相识的孩子上台坐在我身边，台下有一位孩子拿着秒表计时，给我五分钟时间，我当着所有孩子和这位孩子限时聊天五分钟，然后当着所有孩子的面用二十分钟写一篇八百字的文章《郑渊洁眼中的×××》，让孩子们通过大屏幕看我写作的全过程。我会告诉孩子我为什么这么写而不那么写。

数学老师教学生时会先演算题，英语老师会先发音，唯独鲜见语文老师教作文时自己当场演示写作过程。语文老师教写作的方法是带着学生分析文章，其实，通过分析文章是无法学会写作的，甚至离会写作越来越远。

为了弥补语文老师不能像数学、英语、美术、音乐、体育老师那样通过示范教学，我用这样当场演示的方法教孩子们写作，效果很好。

2008年4月9日，我到陕西省佳县木头峪乡羊圈山村给孩子们讲课，教孩子们写作文。佳县是国家级贫困县，长年干旱，唯一的农作物是枣。

我在羊圈山村的小学和孩子们交流写作，抽签产生了一位八岁的小姑娘。

这位小姑娘坐到我身边，我和她开始聊天。准备在聊天后当着所有孩子们写一篇《郑渊洁眼中的×××》。

聊天过程中，我听到小姑娘的肠鸣声。我问她刚过午饭时间，为什么肚子叫？

她说这里穷，一天只吃两顿饭，早上吃干的，晚上喝稀粥。

我感到震惊。我认为，中国只要还有一位孩子由于经济原因在长身体的时候吃不上三顿饭，就是所有中国成年人的奇耻大辱。

我决定帮助她，以及和她一样一天吃不上三顿饭的中国孩子。

我决定不写《郑渊洁眼中的×××》了，我要当着孩子们的面写一篇八百字的童话，让全国读者知道还有一天吃不上三顿饭的孩子，大家都伸出援手，帮助孩子们。

　　我用二十分钟写出了八百字的短篇童话《红枣女孩》。由于羊圈山村没有网络信号，4月10日我回到佳县县城后，将这篇童话发布在我的新浪博客上，两天有六十八万人阅读。

　　同年5月，我作为班主任带着陕西佳县羊圈山村这位小姑娘和其他共十一位来自贫困地区的孩子，到上海东方卫视参加历时四个月的直播节目。让全国观众了解这十一位来自贫困地区的孩子。电视观众用手机短信的方式捐款，帮助生活在贫困地区的孩子们每天吃上三顿饭。在节目中，著名演员奚美娟朗诵我的作品《红枣女孩》。

　　我作为班主任带着这些来自贫困地区的孩子通过这个电视节目为全国贫困孩子募集到五亿元善款。

　　2008年7月26日，中国青基会为此委托演员邓超在上海向我颁发特别贡献奖。

　　现在我给大家朗读这篇童话：

《红枣女孩》

　　当女孩儿第一次睁开眼睛看世界时，她发现自己的妈妈是一颗枣树。女孩儿看到了自己的姊妹和她一样牵挂在妈妈身上，每位女孩儿都是一朵小小的枣花，在蓝天下用笑容彰显美丽。妈妈对自己的每个孩子都悉心呵护，她不遗余力地从贫瘠的土地汲取营养，再通过自己的躯干将营养传输给每一个女儿，促使她们女大十八变。妈妈有时力不从心，她每天只能给孩子们吃两顿饭。

　　一天，女孩儿问妈妈："世界上的生命都是我这个样子吗？"

妈妈说："不都是你这个样子。还有很多种，比如有的生命会飞，刚才落在你身边的叫鸟。"

女孩儿："我为什么不会飞？"

妈妈："如果所有生命都会飞，世界就乱了。坚守同样光荣。"

女孩儿："还有别的生命吗？"

妈妈："有的生命会造汽车。"

女孩儿："什么是汽车？"

妈妈："现在从远处开过来那东西就是汽车。"

女孩儿："能造汽车的生命很了不起吧？"

妈妈："所有生命都了不起。咱们不会造汽车，但他们不会开花。"

女孩儿："我想坐汽车。"

妈妈："那你就要克服很多困难，坚持成长。等你成为果实时，就会坐上汽车周游世界。"

妈妈所说的困难，女孩儿很快就领教了。烈日当头，女孩儿无处藏身，她咬牙坚持，就为了坐汽车的愿望能实现。没有一滴水，没洗过一次澡，女孩儿每天风浴，灵魂一尘不染。

一些姊妹坚持不住，从妈妈身上逃脱，女孩儿目睹她们化为腐朽。

女孩儿在贫困、干旱和酷日下凝聚生命，由青变红，成为一颗魅力四射的红枣女孩儿。

这天，一辆汽车开到枣树下。

妈妈对女孩儿说："祝贺你，你坐汽车的时候到了。"

女孩儿说："您怎么知道？"

妈妈说："因为你红了。"

女孩儿说："我的红皮肤很好看吧？"

妈妈："那是血的颜色。"

女孩儿："血是什么？"

妈妈："造汽车的生命离不开血。如果没有血，他们就造不出汽车了。"

女孩儿急了："他们会缺血吗？"

妈妈："会。"

女孩儿："那怎么办？"

妈妈："你可以为他们补血，你是红枣女孩儿，你的颜色就是血的颜色。你愿意吗？"

女孩儿："我愿意。"

妈妈："会造汽车的生命中也有女孩儿，她们会失血，她们最需要你的帮助。"

女孩儿："我要去帮助她们，为她们补血。"

女孩儿坐着汽车离开了贫瘠的土地，用自己的生命去给别的生命补充血液。

作为爸爸妈妈，请让您的孩子写得一手好文章，孩子就有了通向成功的金钥匙。

第 *17* 课

孩子爱走神儿可能是优点

常听到爸爸妈妈埋怨考试成绩不理想的孩子：

"你不笨，就是马虎，爱走神儿。"

"如果你精力集中，准能考到多少多少分。"

咱们之前的课讲过，我在作品里有一句话：世界上所有事都是好坏各占一半。其实什么事都不用急。作为爸爸妈妈，在自己的工作和生活中应该这样做，在和孩子相处时，更要这样想这样做。

有一句成语我不愿意使用，叫"鼠目寸光"，我为什么不愿意使用呢？我觉得舒克和贝塔听我这样说会不高兴。

我感觉，爸爸妈妈在教育孩子时，常常是鼠目寸光（舒克贝塔除外）。确实有孩子是由于上课或者考试时走神儿精神不集中，造成考试成绩欠佳。但是如果我们换个角度看，这可能证明您的孩子想象力丰富，我们知道，所有科学发明发现最初都是由于创造者有了灵感，而灵感往往是通过走神儿获得的。走神儿是触类旁通，是举一反三，是联想，表面看是精力不集中，其实，是另一种精神高度集中，也可以说是出神入化。

我上小学时，上课最爱干的事就是走神儿。老师说到水，我就想到大海，然后想到我驾驭一艘船到大海里航行，我当然不会一个人去，还会邀请一位同班女生。之后我们的船被一条大鲨鱼吞进肚子里，我肯定要扮演英雄的角色，一身正气，毫无惧色。我会问同学，咱们是从前边突围呢还是从后边突围？

还有一次上课的时候，有一只蚂蚁在我的桌子上爬。我觉得非常有意思，我就想我要是跟它语言相通就好了。我就拿起课桌上的笔想：如果这支笔是我的翻译机，能够完成我和蚂蚁之间的交流就好了。我越想越有意思。结果老师就会发现我走神儿了。

老师当然不会表扬我，当时绝对不会说郑渊洁你长大是作家，作家创作需要灵感，灵感需要从小培养，谢谢你为了让二十年后的孩子们看到咱们中国的原创童话，从现在起就通过走神儿苦练想象力，这样才能保证你长大后一个人写一本月刊三十多年。你现在能给老师留一个签名吗？老师将来再找你签名就不容易了。如果老师当时真这么说，我一定会认为她是在挖苦我吧？

那个时候老师会提一个问题，然后她问我，郑渊洁你现在回答老师的问题。我当然由于太专注我的走神儿，没听见老师的提问，常常会因此被罚站一会儿。

那时，老师经常因为我上课走神儿找我爸爸妈妈。我记得一天老师把我的妈妈叫去了，说你的孩子上课走神儿，不注意听讲。我妈妈就说她小时候也是这样爱走神儿的。我妈妈站在我这边。

那天，在回家的路上，我妈妈给我讲了这样一件事情，她说她小时候在北京上中学，她住在虎坊桥，每天骑自行车到女一中去，要穿过中南海，那个时候是上个世纪四十年代，中南海是个街心公园，里面是一片荒草。妈妈

怎样让孩子精力高度集中？提高和培养

孩子对这件事的兴趣。

——郑渊洁

告诉我,她骑车上学比较远,全靠一边骑车一边瞎编故事打发时间。

我一个人能写《童话大王》月刊三十三年,归功于我总是有源源不断的灵感,不管我看什么都会走神儿都会产生灵感。

1988 年我准备买汽车了。大家已经看出来,1985 年《童话大王》创刊,已经改变了我的生活。有一天我坐公交车,那个时候北京的大街上一马平川,交通一点也不堵。我坐在公共汽车上看着马路上稀少的车辆,我就走神儿了。

我就想,如果我能买车,别人是不是也能买车,如果人人都能买车,那北京这么多车怎么走?公共汽车有一个规定:不进站不能开门。我当时坐在公共汽车上想,如果有辆公共汽车因为堵车还没进站就停住了,车上有的人急着要去上班,有的人急着要去洗手间……大家请示了公共汽车司机,司机请示公交公司的领导,一直请示到市领导。市领导说法规是不能破的,公共汽车不进站不能开门,所以这辆车一直在原地停了几十年,孕妇在车上生了孩子,叫车生落芙,车上有懂教育的人,就编了教材教那孩子……由于走神儿,那趟车我坐过站了。后来,由于这次走神儿,我写了一篇作品,叫《飞马牌汽车》,刊登在 1989 年第 1 期的《童话大王》杂志上。这是好奇心导致的一部作品。

我爸爸告诉我,每天必须吃苹果,这样对身体有好处。1991 年的一天,我吃苹果的时候走神儿了,我一边吃一边发呆。我想,地球是圆的在转,苹果也是圆的,什么东西能把地球折腾得天翻地覆呢?是不是我手中的苹果呢?我想会不会有几个苹果能折腾地球呢?我就越想越觉得好玩。那个苹果我吃了几口后就拿在手里,开始发呆。我写了《五个苹果折腾地球》,刊登在 1991 年第 6 期的《童话大王》月刊上。

1996 年的一天我坐地铁。当地铁行驶在漆黑的隧道里时，我走神儿了。我想如果一列地铁开着开着就没了，失踪了，从此谁也找不着它了，会出现什么情况？地铁上所有的乘客的亲人们会怎么想？怎么跟地铁公司算账？市领导怎么向地铁公司领导问责？我就写了《7801 号列车》，刊登在 1996 年第 10 期《童话大王》月刊上。在我的作品里，这列地铁在失去联系一年以后找着了。

类似刚才我说的这三部童话作品在三十三年的《童话大王》里不计其数。是走神儿导致我的灵感源源不断。

但是有一点我要说，虽然我的所有灵感都是通过走神儿获得的，但是我在写作时，就全神贯注了，精力高度集中。我当年在驾校学车时，教练的一句话给我留下深刻印象，他说开车时，该快时就要快，该慢时就要慢。爸爸妈妈在教育孩子时，不要一味谴责孩子走神儿，正确的方法是，鼓励孩子通过走神儿留住想象力，该走神儿时就走神儿，该精力高度集中时，一定要精力高度集中。

怎样让孩子精力高度集中？提高和培养孩子对这件事的兴趣。孩子对于所做的事情有了兴趣，精力就会高度集中。如果孩子对这件事或者这门课没兴趣，你又要求他精力集中，这就是折磨孩子了。各位爸爸妈妈可以想一想，孩子干什么最全神贯注精力高度集中？是不是玩游戏和看动画片？他对这些事有兴趣。

我认为，家长看到孩子坐在房间里发呆时，不要上去谴责，比如说孩子你在干什么呢？其实，孩子发呆的时候，他的思想已经驰骋在宇宙了。

我这些年见到长大的小读者，特别是已经获得人生成功的小读者，他们对我说，对他们影响最大的作品，是《大灰狼罗克》。他们见我吃惊，因为我以为对他们影响最大的作品应该皮皮鲁、鲁西西、舒克和贝塔。他们告诉我《大灰狼罗克》由二百多个小故事组成，便于课业繁重的学生利用碎片时间阅读，罗克的故事让他们获得无数灵感。既让他们边看边引发联想浮想联翩，又让他们精力高度集中。

这是罗克中的一个故事，名叫冷学。我给大家朗读：

《冷学》

一个偶然的发现令哲学家罗克窃喜不已。

作为哲学家，罗克在濒临五十岁时尚未创建属于自己的学说，他在学术上只能拾人牙慧吃别人嚼过的馍，罗克时常为此无地自容无颜见江东父老。

在一个秋风瑟瑟的下午，罗克一个人坐在街头的露天酒吧边小酌边观察行人。这是身为哲学家的罗克的一个嗜好，他在观察行人时常会通过走神儿有灵感出现。

"我可以坐在这儿吗？"一位女士问罗克她可不可以和罗克共用一张桌子。

罗克看四周，确实没有空桌子了，他只得点点头同意。罗克不喜欢和陌生人坐一张桌子。

"这座城市的秋天很美。"女士和罗克搭话。

"的确。"罗克礼貌地表示同意。

"我是来旅游的，您是本地居民？"女士问罗克。

"是的。我们这儿冬天更美。"罗克说。

"哪个冬天?"女士问。

"什么哪个冬天?"罗克不明白。

"一年有两个冬天呀!"

"一年怎么会有两个冬天?"

"年初一个,年底一个。"

"?!"罗克震惊。

"假如一个朋友对您说他是 1985 年冬季出生的,您是不是会问他是年初的冬季还是年底的冬季?"

罗克若有所思,他不知道同桌的女士是什么时候离开他的。

回到家中,罗克立刻命令自己的所有脑细胞进入激烈运动状态,其中一些脑细胞没有辜负罗克的期望,为罗克整理出如下思路:

一年只有一个春季一个夏季一个秋季,而一年却有两个冬季!每年始于冬,终于冬。为什么?上帝为什么不选择夏季作为一年的开始和结束?春季、夏季和秋季都太闹、浮躁,只有冬季冷静、沉稳和深刻。由此可见,冷是生命的真谛。冷中大有学问;冷中大有哲理。生命应该冷,不要热。新年从冷开始,经历温暖、炎热和清凉后,回归冷而结束。生命倘若能始终保持冷的状态,将无往而不胜。作为个人,热的结果必然是身败名裂。作为企业,热的结果笃定是破产倒闭或被肢解。作为国家,热的结果必将是走向穷途末路。作为地球,热的结果肯定是冰河时代冻结世界。特火的结局百分之百是特冷。

罗克将自己的这番发现命名为"冷学"。

罗克披星戴月著书立说。作为哲学著作，《冷学》问世后，成为罕见的畅销书，哲学家罗克一鸣惊人。有媒介将他和康德、黑格尔、萨特等哲学大师相提并论。

冷学，我朗读完了。

我在 1994 年第 8 期《童话大王》月刊有这样一句话：每个孩子都是一片大海，束缚大海是不明智的。

第 *18* 课

让孩子千人一面还是与众不同

我从二十岁开始当工人，当时我住在工厂的集体宿舍，每天早晨骑着自行车从宿舍到工厂的食堂吃早饭。早饭的内容千篇一律：一碗玉米面粥、咸菜和馒头。

当时我喝玉米面粥时，内心挺委屈，很想能早日改善生活，每天喝大米粥。现在我依然喝玉米粥，但是喝得很享受。同样的玉米粥，为什么时隔四十年，能喝出委屈和享受两种完全不同的感受？

我现在在北京出行喜欢乘坐地铁。一次坐地铁时我就想，假如我没有汽车，坐地铁会感觉很惬意吗？会像当年我喝玉米面粥那样委屈吗？我现在乘坐地铁感觉很好和我有汽车有关系吗？

我认为，同样的玉米面粥时隔几十年喝着有完全不同的感受，同样是坐地铁，有汽车和没汽车的人乘坐时感受不一样，原因是有没有选择权的问题。四十年前我只能喝玉米面粥，没有喝其他粥的选择权，而现在我可以不喝玉米面粥，但我选择喝它，所以喝着感觉很好。一个人没有汽车只能坐地铁没得选，和他有汽车但是选择乘坐地铁，感觉绝对不一样，也是由于拥有选择权让他心情好。

作为爸爸妈妈，您在教育孩子时，请想一想，您有选择权吗？例如，您能选择将您的孩子培养成和别的孩子一样千人一面还是与众不同？如果可以选择，您希望您的孩子千人一面还是与众不同？

以我对人的观察，成功的人生大都是独辟蹊径，失败的人生大都是随波逐流。事实上，孩子能否与众不同，和家庭教育关系很大。

如果孩子不寻常了一次，例如在某次考试中答题时很有创意，但由于不是标准答案，导致失了分。作为爸爸妈妈，能因此赞扬孩子鼓励孩子，孩子就可能成为与众不同的人。如果孩子这样做，受到将考试分数看得高于一切的爸爸妈妈的批评甚至责骂，孩子就会调整方向往千人一面和别的孩子一样的方向成长。

比尔·盖茨的妈妈说过一句话，她说两个民族的竞争说穿了就是两位母亲的竞争。我认为有道理。

我妈妈是有个性的人。我小时候，在睡觉前，我妈妈会给我讲故事，现在叫睡前故事。我妈妈给我讲的睡前故事是她原创的。当然，从目前看，我妈妈原创故事的能力没有她儿子强。她当时原创了一个故事，反复给我讲了好几年。我也真行，一个故事听了好几年也听不烦。您有没有发现，孩子在很小的时候，喜欢反复听一个故事或者反复看一部动画片，也不会烦。

我妈妈为我原创的故事是这样的：很多动物在外面玩。长颈鹿先发现发大水了，说不好了发大水了，咱们快跑。兔子、狮子、老虎等动物赶紧往洪水来的相反的方向跑。跑着跑着，猴子说，不好了，前面有一条河，我们过不去。长颈鹿发现河上有两座桥，一座是像长江大桥那样的很宽的阳关大道

的桥，另外一座是架在河上的独木桥。我妈妈告诉我，绝大部分动物选择了阳关大道的桥，它们觉得那座桥安全。只有一只羊看到那么多动物走阳关大道的桥，它选择了独木桥。我属羊，我妈妈就让我到故事里客串了一把。我妈妈说，由于走阳关大道桥的动物太多了，这座桥不堪重负，就塌了，这些动物就死了。只有那只羊生存下来了。从我一岁到六岁我妈妈一直给我讲这个故事。

在这种教育下，我慢慢长大。我后来知道了，做事情有很多条路，但是人走得最多的那条路往往很难走，因为竞争非常激烈。其实你可以选一条和别人不一样的路，就是独木桥。事实上，我妈妈是希望他的孩子与众不同，她不希望她的孩子千人一面。我认为她对我的这种教育有了效果。

我在 1978 年开始写童话，2018 年是我童话创作四十周年。我童话创作的最初七年，我发表作品的方式是我的作品刊登在报刊上，和别人的作品一

"和别人不一样"是所有杰出人物的特征。

——郑渊洁

起刊登。1984 年时我想，我的作品和别人的作品混在一起刊登在报刊上，无法检验谁写得好，无法看出谁的作品受读者欢迎，读者花钱买了一份报刊，你不知道读者主要是为了看谁的作品掏钱的。

于是我就想如果有一本期刊只刊登我一个人的作品，我的作品从此和别人的作品分开，如果别人比我写得好，我不会占别人便宜沾别人光。

有了这个想法后，我到图书馆查资料，资料显示古往今来还没有一位作家能长时间数十年独自写一本月刊，换句话说，还没有一本月刊能靠一位作家的作品长时间数十年支撑。于是我妈妈对我的走独木桥教育开始显示成果：1985 年 5 月，只刊登我一个人作品的《童话大王》杂志创刊。至今《童话大王》月刊已经出刊三十三年，印数超过两亿本，全部是我一个人写。

妈妈对孩子的教育，的确重要。

我的一位小读者长大后，在北京开了一家餐馆。我有时会到他的餐馆坐坐和他聊天。一次，正逢他检验采购的鲜肉。我就向他请教最好的肉用来做什么菜，他说最好的肉用来做猪排牛排。我又问最差的肉用来做什么，他说丸子。

一块一块的肉端上餐桌，必须要经得起食客的检验。只有丸子这种混杂在一起的肉才可以滥竽充数鱼龙混杂。

个性差异是人类得以进步的基础。千人一面你中有我我中有你导致停滞不前。老虎都是一只一只的，豺狼才是一群一群的。

"和别人不一样"是所有杰出人物的特征。

作为爸爸妈妈，应该教育您的孩子不要当丸子，因为您的孩子不是最差的肉。

有的爸爸妈妈可能会由于孩子考试成绩差而郁闷，家长和孩子相处时，需要记住一个成语：塞翁失马。对于考试成绩差的孩子，家庭教育要剑走偏锋，另辟蹊径。

我年轻时曾被女友抛弃过。其中一个女友是因为我腿短抛弃我的。

有一次我过生日，她说想送我一条裤子。那时买衣服时兴量体裁衣，有裁缝给你订做衣服。我和女友到了一家裁缝店。那裁缝给我量完说，同志，你的腰围比裤长要长。我觉得他作为裁缝，对客户说这种话值得商榷。女友听了这话，仔细打量我，之后她就和我分手了，她说择偶要考虑后代的遗传基因。我曾为此自卑。

后来我看菲尔普斯在北京奥运会游泳比赛多次夺冠，我看着电视屏幕上站在领奖台上的他，我忽然发现他腿短。我上网一查才知道，游泳运动员都腿短，这样他们的腿才能像鱼的尾鳍那样在水中为他们披荆斩浪巧妙助力左右逢源。

受此启发，我想，我腿短，我是不是可以借助这个优势，除了写作，还可以通过游泳体现人生价值？

我找到一位游泳教练，问他我是不是还可以成为一名优秀的游泳运动员？

那教练量完我的腿后沮丧地说，抱歉郑老师，作为游泳运动员，您的腿太长了。

这件事告诉我，不要妄自菲薄，尺有所短，寸有所长。

各位爸爸妈妈，如果您的孩子考试成绩差，请您一定记住这句话：尺有所短，寸有所长。您的孩子身上，绝对有他所在的班上考试成绩第一的学生不具有的长处。

我觉得，在家长会上，老师一定会找出考试成绩差的学生的优点，当着所有家长表扬和肯定。如果老师没有这样做，可能是老师忙。

作为家长，请您在自己的孩子身上找出这个长处，全力呵护。如此，您的孩子就可能与众不同。

第 *19* 课

让孩子拥有一件秘密武器

在上一节课咱们说了，对于学习成绩中下的孩子，家庭教育应该剑走偏锋。我建议爸爸妈妈送给孩子一件秘密武器，让孩子逆袭，笑到最后，笑得最好。先讲一个有关秘密武器的故事。

昨天我参加一个活动，有二十岁出头的年轻人问我，在这个年龄段，对父母最大的孝顺是什么？我说是找到靠谱的配偶。我认为，作为子女，找到靠谱的配偶，是对父母最大的孝顺。配偶靠谱，一般来说亲家也靠谱。接着又有年轻人问我，如何找到靠谱的配偶？有没有什么试金石般的秘诀。

我说我有两个择偶秘诀。一个是你要设法乘坐对方驾驶的汽车，驾车能体现一个人的真实素质。如果他驾车时抢行，变道不打转向灯，加塞不排队，在斑马线不礼让行人，这样的人您千万不要让他成为您的配偶。凡是驾车时有上述习惯的，在生活中都不容易成为成功人士。成功人士都知道欲速则不达的道理。

择偶时，我还有一个秘诀，算得上是试金石级别的秘诀。你要去他的住所看看。如果他将装满垃圾的垃圾袋放在家门外的楼道里，这样的人，您千万别选他当配偶。为什么呢？他嫌装满垃圾的垃圾袋放在家里有味儿，但他又懒得出门将垃圾袋扔到垃圾箱里去，就将垃圾袋放在家门外，既让垃圾的味道充斥楼道的公共区域，又有碍观瞻，毫无公德，不为他人考虑。如果您将不为他人着想的人选为配偶，他结婚后，会为您的父母着想？绝对不会。和将垃圾袋放在家门外的人结婚，等待您的，应该是无穷无尽的垃圾般的家庭纠纷和烦恼，让您痛不欲生。

其实，将垃圾袋放在家门外而不是扔到垃圾箱里对家庭安全不利。

有一次我应邀参加一个电视节目，和我一起当嘉宾的是一位在国际上有声誉的神探破案专家，他告诉我，他破案有个秘密武器。

我问破案的秘密武器是什么？

神探说是翻垃圾袋。他说，垃圾袋里的信息量最大最全面。他回到家里，只要看一眼垃圾袋，就知道家人干了什么事。他还说，装有垃圾的垃圾袋绝对是家庭顶级机密，只能扔到垃圾箱里，不能放在家门口。将装有垃圾的垃圾袋放在家门口，相当于将自家的隐私公之于众。

那天节目结束后，我回到住所，路过小区垃圾箱时刚好看到有一个垃圾袋没有扔进垃圾箱而是放在垃圾箱外边，我好奇心大发，想验证神探的话，就将那垃圾袋拿回我家，戴上塑胶手套，检查了一番。

果然，我获得了如下信息：这户人家的孩子在学校学习成绩全班第二；这家有人患有抑郁症；这家在农行有业务，垃圾袋里有揉碎的农行单据；这家有人办美国签证被拒签；这家有人戴假发，等等等等。

我告诉向我咨询择偶秘诀的年轻人，千万不能选择将垃圾袋放在家门口的人当配偶，这样人既没有公德，又忽视保护自己的隐私。

我的家人都知道，我的一大爱好是扔垃圾，具体说就是将家里的垃圾收集起来，由我扔到公共垃圾箱去。这当然也是出于安全考虑，比如让家庭服务员扔垃圾我不放心，我担心她会不会私藏我家的垃圾。刚才说了，全球顶级神探告诉过我，一个家庭的信息大都汇集在这个家庭的垃圾袋里。此外，我觉得扔垃圾是一个锻炼身体的好机会，表面看扔垃圾简单，其实我计算过，扔一次垃圾，至少需要身体做出一百三十九个动作才能完成，比如弯腰，比如转体，比如手腕九十度旋转拧开门把手等等。我的体会是，扔一次垃圾比打高尔夫还多七个动作。

我的家人对我的评价是，我最爱做两件事：一个是扔垃圾，另一个是开玩笑，往高了说就是幽默。

我生长在一个幽默的家庭。我的爸爸妈妈都爱开玩笑，特别是我妈妈。我还记得我小时候，我家养过下蛋的母鸡。有客人来我家吃饭，我爸爸说，吃吧，这是我们自己下的蛋。我妈妈将爸爸这句话养成了我家的保留笑话，说了几十年，每次说起，全家都哈哈大笑。

于是，我和弟弟妹妹受父母影响，都成为有幽默感的人。这种幽默感，也传递给我的孩子。我认为，幽默感是人的秘密武器，有幽默感是自信的表现，幽默感还可能是智力过剩的体现。幽默感能疏通人际关系，幽默感能化解人际关系中的危机，幽默感能让别人易于接受你的观点，幽默感还和乐观豁达是近亲关系。

作为爸爸妈妈，如果和孩子相处时有幽默感，能让孩子有和爸爸妈妈平等的感觉，孩子认为爸爸妈妈和他平等不居高临下，您的观点和要求，孩子就容易接受。

爸爸妈妈有幽默感，孩子就会也有幽默感。孩子有了幽默感，就等于拥有了人生制胜的一种秘密武器，就像那位神探破案有秘密武器一样。

拥有幽默有没有诀窍？有。我认为是自嘲。自嘲就是嘲笑自己。什么人才会自嘲？有强大自信的人、高级的人才会自嘲，低级的人都是嘲笑别人。比如我听过一个写作者的演讲，他说书是有血统和辈份的，他把书分为爷爷书、老子书、儿子书、孙子书。他暗示他写的书是爷爷书，别人写的是孙子书。这样的人，其实是极度自卑的人。

爸爸妈妈如果想送给孩子幽默感这个秘密武器，在家里首先要成为有幽默感的人，最有效果的方法就是和孩子在一起时自嘲。这样，孩子就会模仿你，久而久之，孩子就拥有了幽默感这个秘密武器。有幽默感的人，做事会事半功倍，特别是在人际关系方面，在建立人脉方面。

说到自嘲，在这节课结束之前，和大家分享我的几个故事。

有一天一个外国出版商找我，说想买我的作品的外语版权。我为了让他给我提高版税，就把他带到了书店，因为书店里有皮皮鲁图书专柜。我带他去，他一看，一面墙全是我的书。他问服务员，请问，为什么这里有这么多这位作家的书呢？那服务员说，因为别人的书都卖完了。

有一天我走在天安门前散步，碰到一对二十多岁的情侣，我判断他们是从外地来北京旅游的。他们走过来对我说，能照张相吗？我说可以啊。读者要求合影，我都满足。我背对天安门站好，对他俩说，谁先来照啊？因为总得有一个人拿着相机拍照。他们说，什么意思？我们是让你帮我们照合影。

还有一次我应邀到电视台参加一个节目当评委，其他评委都是明星。摄像机换录像带时，观众休息。一些观众来评委席找名人签名，但是没人找我签名，全找另外几个明星。我挺尴尬。终于来了一位四十多岁的妇女到我面前，她对我说，先生，您能给我签个名吗？我说可以啊。我的笔里明明有水，我对旁边的一位明星说，有人找我签名了，能不能借你的笔给我用用？我高调签完名以后，那妇女刚走出去五六步又回来了，她说，先生，您签的字太潦草了，您能告诉我您叫什么名字吗？

爸爸妈妈应该让自己的孩子成为有幽默感和善于自嘲的人，敢于自嘲，证明孩子拥有强大的自信。

我在 1995 年 3 月号《童话大王》月刊里说过这样一句话：别让一百分将孩子的童年变成一百岁。

第 *20* 课

压力不能让孩子进步

近日网上流传一个视频，表现的是我国猎鹰教练机超低空飞行，我一看就知道不是真飞机，是航模。我在空军航空兵服过五年兵役，我的工作是维修歼击六型战斗机。维修战斗机之前，需要长时间学习航空知识和飞机各种原理。教员告诉我，飞机前行靠两种力量之中的一种，一种是拉力，拉力由螺旋桨发动机产生，它拉着飞机往前飞行。另一种是推力，推力由喷气式发动机产生，它靠推力推着飞机往前飞。我认为，飞机的飞行原理，同样适用于家庭教育。

爸爸妈妈都希望自己的孩子展翅高飞鹏程万里，作为家长，如果将孩子比喻成飞机，真想让孩子飞行，只能靠推力或者拉力，压力不能让飞机起飞，只会让飞机停在原地，假设压力过大，飞机还会解体。

作为家长，请记住，您要么拉着孩子向前走，要么推着孩子向前走，自上而下对孩子施压，孩子是不可能向前走的。我的体会是，在教育孩子时，家长应该想起一句话：退一步海阔天空。所谓退一步，就是放下身段，不要总是板着脸。

图 / 开飞机的郑渊洁

在教育孩子时，家长应该想起一句话：退一步海阔天空。所谓退一步，就是放下身段，不要总是板着脸。

——郑渊洁

很多爸爸妈妈会开车。大家都有体会，您想在路边停车，前后的车位都停了车，只有中间一个车位空着，您想将车停到这个车位，如果您正着开车头先进车位，几乎不可能停进去。您只有采用倒车的方式，向后退着才能停进去。教育孩子和路边停车的道理一样，爸爸妈妈放下身段，退着教育孩子效果好。退着有利于使用推力和拉力让孩子前进。

我在《郑渊洁家庭教育课》第二单元第14课说过我小学二年级时写的作文《我长大了当淘粪工》被老师推荐刊登在学校的《优秀作文选》上。我庆幸一件事：我的爸爸妈妈没有因此对我施加压力告诉我他们希望我成为作家，他们只是大量给我买课外书，这应该属于推力和拉力，不是压力。不管是在我写作之前还是写作之后，我的爸爸妈妈都没有说过希望我成为作家或者希望我多写。如果是那样，我不大可能成为作家或者一直写到现在。他们是怎么做的呢？

上个世纪八十年代，我已经开始写作。当时我在北京，我父母在山西太原工作。我爸爸经常给我写家信，将他的读书体会通过家信告诉我。他认为我写作后看书的时间少了，他戏称他给我写的家信是一人看书两人受益。父亲将一本十几万字的书浓缩成几千字的家信。这样的家信他写了数百封。我现在朗读1984年12月10日我爸爸给我写的家信的片段：

渊洁：

　我要向你介绍一位作家的好朋友绥青。两个月前，我去新华书店，看到书架上摆着一本书，名叫《为书籍的一生》。因为我小时候的老师叫高绥青，出于好奇，我立即把这本书拿在手中。但是一看封皮上印有一位俄国老人的像，立即打消我原来的念头。接着我打开书看了几页，一下子把我吸引了，我买下了这本书。回到家我放下别的书，先读这一本。真没有想到这本书写得这么好，是如此地吸引人。通过读这本书可以了解出版界的许多事情。了解这些事情，对于一个写东西的人来说，是非常有用的。绥青说："出版界最需要的是触目惊心、惊人听闻的书名。"他还说："我们不可能，也不需要给平民另外创作一种文学。各国第一流作家所写的东西，都是平民听得进和看得懂的。和所有的读者一样，平民不高兴读沉闷的东西，也瞧不起'咬着舌头学孩子说话'，我的意思是说，冒充平民的语言，假托平民的想法。"绥青认为，书里的话，就像是给全世界人解渴的河流一样。只要河水是洁净的，是流动的，庄稼人自己也会汲了河里的水去喝的。

以上是这封家信的片段。我爸爸给我写了数百封这样的家信，我认为，这些家信相当于飞机的喷气式发动机或螺旋桨发动机，对我的写作产生推力或拉力，让我坚持数十年写作。

还有一件事。在上个世纪八十年代我用钢笔写作，会有一个问题，正在才思喷涌的时候有时钢笔就没有水了，挺影响思路。我一般写一天会给钢笔灌一次墨水。

有一次我放假回父母家长住写作，奇怪的事情发生了，我写了一个月钢笔都不用灌水，就像有魔法一样。我感觉奇怪。有一天晚上我起来去洗手间，我看见爸爸趁深夜悄悄给我的钢笔灌水，这个细节让我很感动。我能一个人坚持写《童话大王》月刊三十三年，和这样的小事关系很大。虽然我爸爸不会开车，但我认为他特别懂得驾车在路边进车位停车要倒着进车位的道理，虽然我爸爸没修过飞机，但他特懂飞机是靠拉力和推力而不是靠压力飞行的道理。

在《郑渊洁家庭教育课》第二单元结束时，我想给学习成绩中下的孩子的爸爸妈妈朗读我的一篇名为《父与子》的作品。这篇作品，我和我爸爸曾经在中央电视台《朗读者》节目中朗读过。我希望爸爸妈妈们不要因为孩子考试成绩差而埋怨和嫌弃孩子，作为父母，您的孩子是最优秀的，因为那是您的孩子。

《父与子》

父篇

我是一只羊。我活到了应该当父亲的年龄。世界真奇妙，到了这个年龄，我的思维里就产生了一种激情，还伴随着身体里的一股原始冲动。这大概就是生命得以延续的接力棒。

我渴望当父亲。渴望让生命中的一个单元通过我继续。

在我们这儿，不是你是什么就得生什么，而是逢什么年生什么。比如去年，不管你是羊还是兔还是马，生的孩子都是狗。狗的爸爸妈妈也不一定是狗，可能是兔子。

今年生的孩子都将是猪。于是就有了这么一头小猪成为我的儿子。这是我们的缘份。不管他是什么，我都爱他，他的血管里流着我的血。尽管我是羊，他是猪。

我们这儿有的爸爸可不这样，他们总希望自己的孩子不是现在这个样子。就拿我的邻居牛来说吧，他的儿子是一条蛇，他怎么看儿子怎么不顺眼，整天对儿子吹胡子瞪眼。我问他为什么虐待亲生儿子，他说他的儿子应该是只虎，起码也得是头牛。他的儿子真不幸，摊上了这样的爸爸。

做父亲的对待孩子只能干一件事：爱。

我的儿子是一头小猪，这就足够了。我不羡慕别人的猛虎儿子，也不嫉妒人家的千里马儿子，这个世界上绝了哪种生命形式都会导致地球毁灭。狮子和蚂蚁一样伟大。我斗胆说一句话，你看人类在地球上横不横？可从生态平衡的角度看，小草和人类一样重要。

不明白这个道理，就不是合格的爸爸。

我是羊，我生了一头小猪，我感到幸福和惬意。如果在这个世界上，羊只能生羊，马只能生马，那该成什么样子了？

我爱我的小猪儿子。如果他是鸡或是蛇或是兔或是老鼠，我一样爱他，一样让他成为世界上最幸福的孩子——因为我是他爸爸。

子篇

我是一头小猪，我爸爸是一只羊。

从我出生那天起，我就发现爸爸和我不一样。后来，我还发现别的孩子的爸爸和我爸爸也不一样。

就拿邻居那头小猪来说吧，她爸爸是一只猛虎。再说隔壁的小兔，他爸爸是一匹骏马。相比之下，我的爸爸显得弱小不起眼。可我最爱我爸爸。我觉得爸爸是什么并不重要，重要的是他是不是一个真正的男子汉。有的爸爸虽然是老虎，但他不是男子汉。我见过一只老鼠爸爸，那可真算得上是一个地道的男子汉。

什么是男子汉？我觉得，他首先应该全身心地爱自己的孩子，和孩子平等相处。打骂孩子的爸爸都不是男子汉，是懦夫；他还不嫌弃孩子，不管孩子是什么，他都爱孩子。孩子是你生的，如果你不满意，就打自己。打孩子算什么？又不是孩子非要让你把他生出来的。

我的爸爸虽然是一只羊，但他是一个男子汉，他知道怎么爱我。我要让他成为世界上最幸福的爸爸。

我有时偷偷想，假如我的爸爸是老鼠或是鸡或是蛇呢？我一准照样爱他照样自豪——因为我是他儿子。

第三单元

如何教育学龄前宝宝

第 *21* 课

这样对学龄前儿童进行防性侵教育

前些年，我的一位长大的小读者成为一部电视剧的制片人，她邀请我在她担任制片人的一部电视剧里友情出演客串一个角色，那部电视剧在厦门拍摄。和我一起拍摄的女主角是秋瓷炫。当时秋瓷炫还不会说中文，我不懂韩文，我俩拍戏各说各的，谁也听不懂对方的话。那样的场面，有点儿像爸爸妈妈和刚出生的宝宝相处，交流不能通过语言，全靠感觉。

拍摄休息时，我和制片人聊天，我问她这部电视剧的总投资是多少。然后我用总投资除以这部电视剧的三十四集，得出了每集需要多少钱。制片人对我说，不能这么算。她告诉我，电视连续剧的前三集非常重要，如果前三集不能吸引观众，就可能失败了。因此，她会将总投资的百分之四十投入到这部三十四集电视剧的前三集。制片人还告诉我，电视剧业内有句话，叫前三集定乾坤。

如果将人生比喻成一部电视连续剧，学龄前就相当于这部电视剧的前三集，爸爸妈妈是这部电视剧的制片人和导演，如果将爸爸妈妈教育孩子的精力量化一下，从宝宝出生到十八岁，爸爸妈妈应该将非常多的精力放在这部电视剧的前三集，也就是孩子的学龄前时期。

中国有句富含真理的老话：三岁看大。

从孩子出生起，就需要监护人对其进行家庭教育，家庭教育至少要持续十八年。在这十八年中，最重要的，是学龄前教育，换句话说，就是六岁之前的教育。

我们知道，建造一座大厦，地基很重要。没有良好合格的地基，大厦就成为没有根基的空中楼阁，随时倒塌。错误的学龄前教育，其结果是大厦将倾。

我每天晚上会将第二天要办的事写在一张纸上，还会将要办的事按重要性排出名次，优先办最重要的事。

这和我们开车时如果遇到汽车发生了故障的故障排除方法正好相反，假设我们开车时发现刹车灯不亮了，正确的排除故障的方法是先从最简单的开始排除，先看灯泡是不是坏了，如果灯泡没坏，再检查保险丝是否烧了，如果保险丝也健康，再检查线路。

而我每天列出次日要办的事情，正好和排除汽车故障的顺序相反，我是先办最重要的事情。对学龄前孩子的教育，我认为也是要先找出最重要的教育门类。

学龄前孩子的特点是由于年龄小，对世界的认知少，因此自我保护能力差。在孩子面临的多种伤害中，有两种伤害，一种是身体的伤害，一种是心灵的伤害，两种伤害同时具有的，是性侵害。

对儿童的性侵害是一种最无耻的侵害，因为被侵害方不知道什么是性侵害。信息严重不对称的侵害是可耻的侵害，是欺凌式侵害。

在孩子成长的过程中，作为家长，应该保护和发展孩子身上的一些珍贵

图 / 在空军航空兵修战斗机的郑渊洁

性教育和其他教育不一样，不需要年年讲月月讲。

一次到位的性教育，终身受益。

——郑渊洁

素质，其中有好奇心和探索精神。但是有一个领域，孩子在十八岁之前不应该好奇和探索，这就是性。

我认为，让孩子对性不好奇和不探索的最好办法，是在孩子三岁时由生他的两个人也就是爸爸妈妈到位地告诉孩子什么是性，同时一举两得地告诉孩子什么是性侵以及如何保护自己不受性侵。万一遭遇性侵，如何有效应对。

咱们在之前的第一单元第4课说过，有的家长认为，性侵孩子毕竟是少数，教给孩子防性侵会不会让孩子对世界失去信任？我们都知道，并不是所有孩子都会得乙脑，但是孩子从出生起我们就会给所有孩子注射乙脑疫苗。对孩子进行防性侵教育和这个道理一样，不是所有孩子都会遭遇性侵，但是我们要对所有孩子进行防性侵教育，因为那是我们的孩子。我们知道，孩子一旦遭遇性侵，对孩子一生都会有负面影响，严重影响孩子身心成长。

性教育和其他教育不一样，不需要年年讲月月讲天天讲。一次到位的性教育，终身受益。

当然，平时还需要家长认真观察。我修过五年战斗机，对雷达有所了解。雷达全天二十四小时工作，时刻扫描天空，发现可疑物立即作出反应。爸爸妈妈虽然不需要对孩子天天进行防性侵教育，但是爸爸妈妈预防孩子遭受性侵的"雷达"一天也不能关闭，时刻要处于扫描工作状态，一旦发现孩子有异常，立即打破沙锅问到底，包括孩子没有遭到性侵，但是看到别的孩子遭到性侵了。

2018年1月，湖北省襄樊市一法院判决襄樊市樊城区某小学一个姓任的老师犯猥亵儿童罪处有期徒刑六年。任老师性侵学生是怎么被发现的呢？一位目睹了任老师性侵班上一位女生的八岁男生回家后发呆，这位男生的监护人是拥有"雷达"并随时开启"雷达"的人，监护人询问这位男孩儿为什么神色异常，男孩儿说看见任老师把手伸进一位女生的裤子里。家长立即通过朋友圈联系那位女生的家长。家长一问，果然如此。家长立即报警，任老师落网。任老师向警方交代，他性侵学生已经很长时间，性侵过多位学生。

从这个案例我们会想，被任老师性侵的学生，为什么没有告诉家长呢？应该是她们没有接受过防性侵教育。她们的家长也没有防性侵"雷达"，没有从受到老师性侵的孩子身上发现蛛丝马迹。如果不是那位男生回家发呆，如果不是男生的监护人拥有"雷达"，那么任老师现在也许不是在湖北的监狱里，而是依然在教学，依然在教学时同步性侵学生。

2013 年 10 月 24 日，中央电视台《晚间新闻》节目邀请我到演播室直播教全国的孩子如何防性侵。

我的儿子郑亚旗在三岁时，我对他进行了防性侵以及性教育。我认为，想让孩子对这件事没有兴趣，就得在孩子对这件事有兴趣之前告诉他。如果是孩子已经产生兴趣并且先向父母发问了，效果不如在孩子没感兴趣之前告诉他。

我还记得我在郑亚旗三岁时对他进行防性侵和性教育那天北京是雷阵雨天气。郑亚旗问我，为什么先看见闪电，后听见打雷。

我说这个不重要，我告诉你一件很重要的事。

儿子问什么重要的事。

我拿着一个事先准备好的面包圈和一根香蕉，详细告诉他，他是怎么来到这个世界上的。然后我告诉他，什么是性侵，以及遇到性侵怎么办。

我讲完后，郑亚旗说："现在你可以告诉我为什么先看见闪电后听见打雷了吧？"我还给郑亚旗编写了一部故事体性教育和防性侵教材，名称是《你从哪里来，我的朋友》。郑亚旗长大后，将这部教材出版了。

郑亚旗五岁时上过两个月的幼儿园。是体验性上幼儿园，每天只去两个小时。孩子在什么年龄上幼儿园合适，这个很重要。咱们在第三单元第23课交流。

我在儿子上幼儿园和上小学之前，再次对他进行防性侵教育，准确说，应该是防性侵培训。我对儿子进行性侵和防性侵模拟培训。比如如何不与老师和其他教职员工单独相处；比如怎样发现老师对你图谋不轨；老师或其他教职员工的哪些言谈举止是性侵之前的信号；一旦遭遇性侵，如何保护自己；等等等等。我还教给孩子一句话，一旦遭遇成年人性侵，立即说出这句话，一般能让坏人魂飞胆破。我在2013年10月24日的央视《晚间新闻》中，将这句护身符级别的防性侵震慑语言教给全国的孩子。

这句话是：我还不到十四岁，你想坐牢吗？

各位家长仔细想想，当一个披着老师羊皮或者披着亲戚羊皮的恶狼正要性侵您的孩子时，您的孩子突然对他说：我还不到十四岁，你想坐牢吗？恶狼应该会有所收敛吧？他会想，如此懂法的孩子，连十四岁这个法律年龄红线都如此清楚，背后绝对有强大的家长靠山。我们想想，表面看是成年恶狼性侵孩子，其实，是恶狼欺负孩子的父母没有防护意识。没对孩子进行防性侵教育的父母是无能之辈。

2013年9月2日，我应邀到北京亦庄实验小学给全校学生上防性侵培训课，全校近千名小学生在我的带领下齐声说：·我还不到十四岁，你想坐牢吗？

需要提醒各位家长，据性侵未成年人案例统计，对孩子实施性侵的，绝大多数是孩子认识的人，其中老师、亲友占大多数。作为家长，不要让学龄前宝宝和父母之外的人独处。对亲友也要保持警惕，保护孩子防性侵的"雷达"也要时刻扫描能接触到您的孩子的亲友。

一旦孩子在幼儿园和小学遭遇老师或教职员工性侵，家长千万不要找学校，正确的方法是直接打 110 报警。如果找学校，校领导为了保住乌纱帽，往往会掩盖事实寻求私了。事实证明，警察和性侵孩子的犯罪嫌疑人交谈比校领导效果好，更有利于找到真相，保护孩子，惩罚坏人。

我对我的孩子进行性教育和防性侵教育时，为孩子编写了两篇童话，通过故事寓教于乐教孩子防性侵。给男孩儿的童话篇名是《每位男孩儿都是王子》，给女孩儿的童话篇名是《每位女孩儿都是公主》。这两篇童话都收入到《郑渊洁性教育启蒙绘本：你从哪里来》这本专门为学龄前宝宝编写的性教育和防性侵图书中。

学龄前宝宝由于年龄小，容易受到坏人侵害。作为爸爸妈妈，必须给自己的孩子撑起强大的万无一失滴水不漏的保护伞。

我在我的作品《皮皮鲁和 419 宗罪》中有这样一段话：在十四岁之前，孩子的衣服相当于监狱带电网的高墙，除了父母和医生，哪个成年人往孩子的衣服里边伸手哪个坐牢。孩子不是任人宰割的沉默羔羊，孩子是受国家法律特别保护的堂堂未成年中华儿童，"顺我者昌，逆我者亡"。

明天，我将随外交部中国公共外交代表团访问非洲。下一节课，我在非洲讲。我会把我在非洲和家庭教育有关的所见所闻告诉大家。非洲见。

第 *22* 课

我为什么让孩子给家人改名字

我现在在非洲埃塞俄比亚。埃塞俄比亚是咖啡的发源地。相传一千多年前，有牧羊人发现羊群在吃了一种植物后，显得很兴奋。牧羊人留心观察，他确定羊群每次吃完这种植物后都兴高采烈，羊群吃完别的植物没有这种表现。牧羊人就自己试吃这种植物，吃完也特别兴奋。就这样，咖啡被人类发现。

作为父母，您的学龄前宝宝对什么事最感兴趣？孩子做什么事时最兴奋最高兴？您应该注意观察。作为学龄前孩子的爸爸妈妈或者监护人，应该具备一千多年前埃塞俄比亚那位牧羊人的观察能力，发现自己的孩子做什么事时最高兴最兴奋。

不是所有孩子都对同一件事感兴趣，孩子的遗传基因不一样，后天生长环境也不一样。每位孩子都有自己的最佳才能区。一般来说，孩子感兴趣的事情，有可能是孩子的最佳才能区。爸爸妈妈应该对孩子的最佳才能区在哪里胸有成竹。但是在学龄前时期不要急于开发，正确的方法是暗中呵护，顺其自然。请记住孩子的三大特点之一是逆反心理。

在非洲，我作为中国公共外交代表团的成员，参加了各种活动。两个国家的朋友交往时，每个国家的成员不会向对方发出两种声音。这让我想起了爸爸妈妈和学龄前宝宝交流时，也不应该使用两种声音。什么是两种声音？

我见到有的爸爸妈妈在和学龄前宝宝说话时，使用和家庭里其他成年人成员不一样的语音和话语，比如爸爸招呼妻子吃饭，不会说"吃饭饭"，可是爸爸妈妈对宝宝会说"吃饭饭"。家长和孩子说话的声音和用语对孩子的成长有重要作用。爸爸妈妈和孩子说话要使用正常的话语，不要刻意嗲声嗲气。吃饭就是吃饭，不要吃饭饭；大便就是大便，不要拉臭臭。如果孩子发现爸爸妈妈和他说话的语调与同别人说话的语调不一样，就会在幼小的心灵中种下接受双重原则的种子。孩子从小就意识到父母对他的态度和对别人的态度必须不一样。

从孩子出生起，爸爸妈妈应该用和成年人说话的语调和宝宝说话。

我的孩子出生后，我一直使用和成年人说话的正常语气和话语同我的孩子说话。这样的语言交流环境，能让孩子从小认知自己不是特殊的，自己和别人一样。

在学龄前孩子成长的过程中，家长应该通过各种措施减少孩子的差异感。我在我的孩子小时候，我和孩子说话都是蹲下身子，眼睛和孩子平视，不让孩子抬着头仰视和家长说话。这看似小事，其实对于孩子的成长重要。

在孩子的成长过程中，特别是学龄前阶段，事实上，绝大多数事情都是父母或其他监护人做主。"我由于小，我的所有事必须由大人安排我必须服从"应该是大多数学龄前孩子的心态。

我认为，如果在家庭里给学龄前孩子创造一个机会，让孩子做一回主，

孩子感兴趣的事情，有可能是孩子的最佳才能区。

——郑渊洁

对孩子有益。之前咱们说了，学龄前时期相当于给人生大厦打地基，大厦能高耸入云，每一层都和地基有关系。孩子在学龄前时期经历的每一件事，看上去是小事，其实都和孩子成人的行为有关系。

我的孩子小时候，我赋予孩子一项权利：可以给家里的任何人改名字。孩子给大人起的名字，在家庭内部，大家都要遵守，都要使用孩子起的名字互相称呼。这相当于一个游戏，但对培养孩子的自主意识、创造性、改变世界的勇气和魄力，有作用。

现在我的孙女每个星期都给我改名字，孙女也给自己改名字。我每天最重要的事情，是记住孙女给她自己改的名字。

我小时候，我爸爸看书时常抱着我，我看到爸爸用笔在书上画道，我也要笔，也要在书上画道写眉批，我爸爸都是支持我。我可以随心所欲在他看的书上画道。我认为我长大后身上有改变我认为不合理的事物的想法和勇气以及找到改变不合理事物的正确方法，和儿时我爸爸不阻拦我在书上画道这类小事有关。

假设我要求在书上画道，我爸爸说你别在书上乱画，这不是你的玩具，你不要动。我想，我长大后可能不是现在这样。

上个世纪八十年代末九十年代初，我买汽车后，经历了很多次验车。我发现，每次验车都是车灯不合格。那时，汽车每一两年要到机动车检测场进行年检，合格后，发给你一张不干胶合格证，贴在前风挡玻璃上，才能合法上路行驶。我买汽车后，每年都会经历汽车年检。汽车年检比较重要的一项是上线，所谓上线，就是由检测场的工作人员开着你的汽车驶上电脑检测线，由传说中的"铁面无私"的电脑检测你的汽车刹车、灯光、底盘等数据，如果全都合格，车就通过年检了。如果其中某一项不合格，你必须花钱修理，检测场近水楼台设有修理站。在我长达二十多年的多达百余次的验车经历中，没有一次我的汽车是一次通过的，包括高档汽车。每次都是车灯不合格。我就此询问过我的不少有汽车的朋友，他们也和我的经历一样。

后来我开始注意观察了，怎么每次都是汽车大灯灯光的高低不合格呢？不是高了就是低了，然后就要你到检测场专门调试灯光的修理站由工作人员给你调试灯光的高低，然后收费十二元。一次两次没引起我的主意，不同的汽车每次年检总是灯光不合格，我就好奇了，再问朋友，都说灯光没有一次合格过，都被调试过，都收十二元。机动车检测场调试灯光的人员每次都是顺时针拧三圈灯光调试螺钉，然后再反时针拧三圈。现在已经发展到车主根本不用汽车开进灯光修理间，直接让修理工在年检单上盖"灯光调试合格"的章。

有一次我去验车，检测线的电脑说我的车灯光高了，经过十二元的调试，说是合格了。那天我驾车离开检测场一公里后，突然好奇心大发，掉头又驶回同一座检测场，重新开始验车，那时验车还不是电脑管理，同一辆车可以多次检验。由于没人像我一样吃饱了撑的一年主动验两次车，所以管理机构尚未出台一年只准验一次车绝对不准验两次车的政策和杜绝这种现象的制约措施，我的汽车在相隔两个小时后，再次驶上同一条检测线，结果电脑说灯光高了，不合格，必须调试。

从那以后，我开始用自己的影响力呼吁私家车年检改革。

《北京晚报》刊登我的文章《北京的车灯都是坏的》。多家媒体报道我关于私家车验车改革的呼吁。

2013 年 2 月 20 日，我应邀到公安部交通管理局就机动车验车改革交换意见。

2013 年 3 月 4 日，北京市公安交通管理局和车管所邀请我给北京所有验车场场长讲述我的验车经历。

2013 年 10 月 28 日，我通过微博向总理呼吁改革机动车年检，转发、评论数近三万。

2014 年 5 月 16 日，公安部和国家质检总局联合下发规定，2014 年 9 月 1 日起，私家机动车非营运小客车新车六年不用去检测场年检。"汽车之家"创始人李想通过微博说："感谢郑渊洁老师持续 N 年的努力。他是推动这件事付出最多的人，没有之一。"

从此中国私家车主购买了私家小客车新车六年之内不用开汽车去检测场验车。

在实行私家车新车六年不验车两年多后的 2017 年 1 月 18 日下午，我受邀出席公安机关机动车年检改革私家车新车六年不验车实施两年效果调研会。中国公安大学交通管理学院、交管部门等和我探讨实施效果，一致认为私家车新车六年不去检测场验车的改革是成功的。

作为家长，让学龄前孩子"当家作主"一回，比如给家里所有人改名字。几十年后，可能会收到意想不到的成果。

第*23*课

请让孩子输在起跑线上

我现在在非洲坦桑尼亚的达累斯萨拉姆的尼雷尔国际会议中心为您讲《郑渊洁家庭教育课》第三单元第 23 课。

我们中国有一部名为《媳妇的美好时代》的电视剧在坦桑尼亚很受欢迎，在这部电视剧中，最受坦桑尼亚观众喜爱的演员是海清。2018 年 2 月 6 日，我见证了坦桑尼亚授予海清野生动物保护形象大使称号。

坦桑尼亚重视保护野生动物。地球是人类和动物的共同家园。世界上哪种动物跑得最快？冠军是猎豹，亚军呢？据说亚军是叉角羚。连动物都有赛跑冠军，何况竞争激烈的人类了。

为人父母者，愿意假想自己的孩子和其他人的孩子在人生路上赛跑。近年对家长严重误导的一句话是"别让孩子输在起跑线上"。一些家长由于担心自己的孩子输在起跑线上，通过各种培训班给孩子超前大满灌与其年龄不同步的知识，特别是对学龄前儿童，揠苗助长。

倘若将人生形容为一场竞赛，"起跑线"的比喻是恰当的。但是，"输在起跑线上"只适合短程竞赛，例如百米赛。如果是马拉松那样的长跑，就不存在输在起跑线上的担忧。相反，马拉松比赛赢在起跑线上的运动员，往往由于没有保存体力，致使起个大早，赶了晚集。

由此可见，父母是否应该担心孩子输在起跑线上，要看家长对孩子寿命的预估。如果孩子的人生属于短跑，只有区区十几年，您一定不能让孩子输在起跑线上，都知道百米赛的关键往往是起跑，起跑领先了，就成功了一大半。但是假如家长对孩子的寿命预估较长，就相当于孩子的人生是参加一场马拉松长跑竞赛，起跑线是否领先就不重要了。马拉松竞赛的特点是谁笑在最后谁笑得最好。

长跑的要诀是保存实力，这和孩子学习知识的道理一样。当孩子没有一定的阅历时，给其灌输与年龄不相符的知识，孩子没有生活经验，对知识的感悟不会深刻，不但没有共鸣感，甚至会厌恶。衡量教育是否成功，不是看分数，而是看受教育者对所学知识的兴趣越来越大还是越来越小。如果受教育者对所学知识的兴趣越来越大，说明教育成功了，反之则相反。受教育者对于所学知识感兴趣的程度，除了老师的教授方法，还取决于孩子对知识的感悟程度。举个例子，一个五岁的孩子对于《静夜思》只是机械背诵，而一位远离家乡的二十岁青年如果第一次看到《静夜思》，可能泪如泉涌，百感交集。

买过新汽车的人都知道，新车有磨合期。在新车的磨合期，车速不能太快。只有这样，这辆汽车未来才能风驰电掣。如果在新车的磨合期高速行驶，汽车就会早衰，该急速行进时，就会力不从心。假设将人比喻成汽车，人的磨合期就是童年。在童年，不能满负荷运转，要适度磨合。如此，孩子到了成年，才能快马加鞭，后劲十足。

　　爱因斯坦说："想象力比知识重要。"有想象力的人才能进行创造性劳动。想象力和知识是天敌。人在获得知识的过程中，想象力会消失。因为知识符合逻辑，而想象力无章可循。换句话说，知识的本质是科学，想象力的特征是荒诞。人的大脑一山不容二虎：在学龄前，想象力独占鳌头，脑子被想象力占据；上学后，大多数人的想象力将被知识驱逐出境，成为知识渊博但丧失想象力终身只能重复前人发现的知识的人。很少有人能让知识和想象力在自己的大脑里共存，一旦共存，此人就是能进行创造性劳动的成功人士了。在孩子童年时，让其晚接触知识，有利于想象力在孩子的大脑里安营扎寨，倘若孩子成为想象力和知识并存的人，您就能给大师当爹当娘了。

　　请让孩子输在起跑线上。输在起跑线上，能赢得人生。"将欲取之，必先与之"是大智慧。

　　经常看到爸爸妈妈让学龄前孩子为客人表演背古诗，孩子的年龄越小，家长脸上的喜悦程度越高。近年家长除了让孩子背古诗，又添加了让孩子当着客人说英语。还有家长让孩子在三岁时就上幼儿园，不完全是因为没人看孩子，而是让孩子去幼儿园学习知识，担心别人的孩子在幼儿园学到了自己的孩子不知道的知识，自己的孩子吃亏，输在起跑线上。

　　根据我对我的孩子的观察，我认为对学龄前儿童最优质的教育，应该是由高素质的全职妈妈或者全职爸爸全天候陪伴学龄前孩子直到上学，当然，如果孩子能上合格的幼儿园也未尝不可。我认为孩子上幼儿园的最佳年龄是五岁，三岁的孩子上幼儿园太早，幼儿园相当于小社会，三岁的孩子步入社会对孩子心智和身体发育成长不利。我们必须承认，三岁的孩子在幼儿园，最显著的获得不是知识，而是恐惧感，孩子会怕老师。五岁以下的孩子如果由恐惧感伴随成长，对身心发育极其不利。

我的孙女2016年上了位于北京一家年学费二十万元左右的国际幼儿园。据说是北京最好的私立幼儿园。我发现孙女经常全天一口水未喝没去一次卫生间。有的朋友可能会问，您是怎么获得您的孙女在幼儿园全天没去过一次卫生间这个信息的呢？爸爸妈妈都知道，我们的孩子上幼儿园之前，他的衣服是由大人给他穿的，衣服和裤子都很整齐。如果孩子在幼儿园上了洗手间，那么他的衣服和裤子是由孩子自己穿的。孩子自己穿的衣服，用我们一句接地气的话说，就是穿得乱七八糟。

我每次接孙女时，能从孙女的服装状态判断出她在幼儿园是否去过洗手间。如果孩子的衣服裤子依然是她上幼儿园前的状态，我就可以断定我的孙女全天没有去过一次洗手间。没有去过洗手间说明什么呢？说明她没有喝水。

结果孙女上幼儿园三个月高烧四次。而在这之前，她几乎没发过高烧。当我发现孩子全天在幼儿园没喝过一口水后，我就和她的老师沟通。沟通的结果令人遗憾。我孙女在幼儿园的班主任是英国人。我认为孙女的英籍班主任不称职。不知北京相关管理部门对于外籍幼教在京执教是否有到位的而非走过场的资质（包括品德）考核，我们认为将孙女交给这样的幼儿园外国教师不放心。于是孙女退园。

现在也有一些家长愿意将自己的孩子送到国际学校或国际幼儿园。以我的感受，我觉得有必要给大家提个醒。我们普遍认为西方发达国家的老师比我们中国的老师素质高。但是，以我的观察，外国高素质的老师进入中国后，他们会迅速入乡随俗。他们中的一些人到了我们这里，学起坏来，比我们土生土长的人要坏得更厉害、更多。

如果受教育者对所学知识的兴趣越来越大，

说明教育成功了。

——郑渊洁

我的儿子郑亚旗当年只上了两个月幼儿园就退园了，原因是一天我在儿子去幼儿园时在他身上装了一个录音设备。儿子从幼儿园回家后，我调取录音收听。收听结果是我认为将孩子交给这样的老师，我非常不放心。

学龄前儿童认知能力尚不完备，一旦脱离父母保护和品行差的成年人相处，无异于任人宰割的羔羊。每次参加应酬餐桌上出现羔羊肉时，我都会想到幼儿园小朋友。

孙女退园回家至今一年多，一次没病过。我认为保证学龄前儿童每天正常饮水对孩子身体发育健康成长非常重要。我的孙女现在四岁多，身高一米二。

我认为，作为家长，要想让自己的孩子有一个理想的身高，学龄前时期非常重要。我认为有以下几个基本保证才能使得您的孩子达到理想身高：第一是睡眠充足，作为家长，要让孩子在学龄前时期每天睡到自然醒；第二是多喝白水；第三，确保孩子在学龄前时期身边没有颐指气使的人，也就是没有气势汹汹的人，这样才能保证孩子心情舒畅不压抑；第四，孩子不能有恐惧感，据说恐惧感是导致学龄前儿童身高不达标的头号杀手，换句话说，作为家长应该确保您的孩子在学龄前不怕谁，没有怕的人；第五，让孩子多在室外活动，多享用阳光；第六，在旅游淡季爸爸妈妈陪着孩子多旅游，在节假日高峰期旅游不叫旅游，叫受罪。

我给有孩子上幼儿园的家长提个醒：请高度关注孩子在幼儿园的一切状态包括饮水量，发现孩子在幼儿园缺水，立即同老师交涉。事关宝宝身体发育健康，马虎不得。饮水之外的事情，也需要关注。

我认为判断幼儿园是否合格的方法有三个：第一，孩子愿意不愿意去幼儿园。不愿意去，说明他在幼儿园不快乐；第二，孩子上幼儿园后是不是总是生病。有人说，十几个孩子在一个房间互相传染得病是正常现象。我认为不是这样。我认为孩子去幼儿园经常生病的主要原因是喝水少。如果孩子在幼儿园能保证正常的饮水量，很多病，比如感冒，是可以规避的；第三，孩子上幼儿园后是否出现可喜的变化。

以上三条能让您迅速判断出孩子上的幼儿园是否合格。

有家长可能会说，孩子不上幼儿园，不能接触同龄人。我认为，在孩子的成长过程中必须有同龄人陪伴也是误区。人是不需要一直和同龄人待在一块儿的。判断一个人有没有出息，看在他的一生当中，不同年龄段身边是什么年龄的人。如果一直是同龄人，这个人可能不会有大出息。如果他小时候一直跟同龄人在一起，那么互相之间传播的信息可能以讹传讹。但要是跟比他大的孩子玩，那么进步就会特别快。

下棋也是一样的道理，你跟高手下棋进步肯定特别快，你跟同等水平的人下棋就会永远原地踏步。如果你跟水平还不如你的人下棋，那么棋技只会越来越差。当你二十多岁的时候，你的身边如果是四五十岁的人，你的进步就会快。当你到六十多岁，你的身边如果是二十多岁的人，你会很厉害。这里面的道理随便一想都能明白。我的感受是，在生命的不同年龄段，尽量远离同龄人。同龄人很难成为你的榜样。

我今年六十三岁，回顾我这六十三年的经历，我在每个年龄段几乎很少和同龄人在一起。我只上过四年小学，在这四年里，我是和同龄人在一起。之后，我就跟着父母去了河南的五七干校。在五七干校，我都是和比我大五六岁的孩子一起玩。我十五岁时就当兵了，身边几乎都是比我大十几岁的人。

在我二十多岁时，我的身边是三四十岁的人，和他们在一起，能学到很多东西，因为他们比我早到这个世界上二三十年，他们对世界的看法对我有启发。我到了五六十岁时，身边就都是二十多岁的人了。

我认为，父母在孩子上小学之前，应该尽量少让孩子和同龄人相处。因为孩子上小学后，您想不让他接触同龄人都不可能了。所以，作为家长，应该珍惜孩子在二十二岁大学毕业之前几乎是唯一的可以回避同龄人的学龄前年龄段，多让孩子和家人和成年人在一起，多享有自由。最重要的是，恐惧感对学龄前孩子的成长极其不利。孩子上幼儿园时，恐惧感应该比在家时多多了。

归根结底，孩子的学龄前时期是孩子最重要的时期。作为家长，我们万万不可以掉以轻心。

第 *24* 课

没有阅历支持的知识摧残孩子

阅历是指一个人亲身经历过，以及对这些经历过的事的理解、收获和经验。

2017 年 5 月 12 日，我应邀到广东东莞参观华为公司的一条手机生产流水线。我沿着手机生产流水线从一无所有一直看到一部手机问世。流水线上的一台黑色的箱子引起了我的注意。

我问工程师，这个箱子是做什么的。工程师告诉我，这是老化箱。

我又问什么叫老化？工程师说，电器产品在问世的最初几十个小时容易出现故障，如果最初的这几十个小时不出现故障，之后就不容易出现故障了。于是在手机的生产线上设置了"老化"关卡，利用科技手段让新手机迅速度过这最初的几十个小时，类似于"天上一日地上一年"，加速老化它。在"老化"时出了故障的手机，就被淘汰了，没有出现故障的手机，安然度过了危险期，成为金刚不坏之身，通过老化检验顺利出厂。

我认为在孩子的学龄前时期向孩子灌输各种与孩子年龄不符的知识，很像手机生产线上的"老化"程序。目前社会上流行的"学前教育""早教"

其实就是老化教育，提前剥夺孩子的童真，老化孩子。您可能说，这不是挺好吗？连电器都必须经过老化处理。问题在于，孩子是人，不是物件，不是电器。如果拿对电器的方法对待孩子，很残酷，也达不到最佳的教育效果。

我认为孩子上幼儿园接受学前知识教育或者家长为孩子提供早教，很像古代的裹小脚。人有自然属性和社会属性，上小学后，孩子的社会属性会得到培养。在上小学之前，孩子的自然属性应该得到充分滋养，比如全方位获得来自亲人的爱。如果孩子三岁开始上幼儿园或者接受所谓的"早教""学前教育"，等于中断了孩子的自然属性生长环境，提前进入社会属性环境，对成长不利。

获得知识是需要阅历支持的。在没有相关阅历时，就获得某种知识，等于浪费了这项知识，这个知识还可能起到摧残孩子的作用。

打个比方，一些药品标有禁止儿童服用，这是由于使用这些药品需要年龄支持，年龄不达标，不能服用。这些药物并非毒药，只是对服药者的年龄有要求。换句话说，年龄达到一定程度的人，服用这种药物，能治病。年龄达不到标准的孩子，服用这种药，能患病。

知识和药物一样，也需要年龄支持，换个说法，需要阅历支持。一位两岁的孩子能熟练背诵春眠不觉晓，但是他的阅历根本就不支持他真正理解这首诗的含义和意境。

可能有人会说，学龄前孩子的阅历虽然不支持他背诵一首古诗，但是孩子会背了也没有坏处啊，多知道总没坏处吧。刚才说了，岁数不达标，有些药是不能吃的，总不能说，是药都能治病，让孩子吃吧，都是人，大人能吃的药，孩子也能吃，早吃疗效好。

在孩子的阅历不支持时，孩子背会一首古诗，只是机械记忆，不会真正理解古诗的含义。孩子对这首诗就有了免疫力，等于给孩子注射了这首古诗的预防针。孩子长大后，对于这首诗终生免疫，不再感觉新鲜，他潜意识里认定自己知道这首诗，会背这首诗，一般不会再依据自己在成长过程中获得的阅历重新溶解这首古诗，因为他对这首古诗已经有了免疫力。提前让孩子获悉阅历不支持的知识，对孩子进行早教，不是摧残是什么？

以我的经历，我的感受是，根据自己的发现和需求，靠自己寻找获得的知识，效果最好。套用一句经济学上的话，最能将知识"利益"最大化。

前些年的一天，我路过一个建筑工地，看到起重机在工作。我在自己的生命历程中，无数次经过建筑工地，但是不知道为什么，那次我突然对起重机发生了兴趣，这也许就是阅历支持的结果。

我想，起重机会随着它建造的楼房身高的增加而增加自己的身高，起重机是怎么长高的？是像拉杆天线那样身体能伸缩自如？不是。是直升机吊装？不可能。是另一架比它高的起重机帮助它？也不是。我看见起重机身边有一堆自己的身体部件，它是怎么将这些部件插进自己的身体的？

于是，我就向我的朋友们打招呼，询问谁家附近挖坑准备盖楼房了，就告诉我。

我得到信息后，专门到工地附近租了房子，拿着望远镜观察了两个月。我发现起重机是通过自己吊起分解的身体的一部分通过一个巧妙的方法加入整体从而提升自己，这给了我启发。

我在 2011 年 2 月 10 日举办的皮皮鲁和鲁西西三十岁生日庆典上的演讲名为《鼓励万岁》，我对起重机的观察成为这篇流传颇广的演讲的核心。我是这样说的：世上有两种人，一种是像起重机一样，给大厦添砖加瓦。添砖加瓦就是鼓励别人，赞美别人。同时自己提升自己。靠自己的努力，实现自己的人生价值。还有一种人是二踢脚。二踢脚贬低空气，也就是贬低别人，靠这个升到空中。发出巨响引人注目，然后粉身碎骨。生活当中有这样的人，喜欢给别人挑毛病，贬低别人。喜欢贬低别人的人，在潜意识里是抬高自己。做人要当起重机，不当二踢脚。

咱们假设在三岁时，我爸爸妈妈让我背起重机的原理，或者背描述起重机的一首现代诗，我在皮皮鲁三十岁生日庆典上发表演讲时，会拿起重机举例吗？八成不会，因为在我三岁时，在我还没有关于起重机的阅历支持时，爸爸妈妈就给我注射了起重机终生免疫的预防针。

说到预防针，我想起一件事。

1995年12月4日，我的读小学的儿子郑亚旗放学回家后对我说："老师让明天交十八元钱。"

我说："知道了。一会儿给你放在书包里。"

吃晚饭时，我无意问了郑亚旗一句："交钱买什么？"

郑亚旗说："打针。"

我警觉地问："打什么针？"

他说："预防针。"

我感到蹊跷。在我们国家，给孩子打一类疫苗预防针是免费的，学校为什么收费给学生打预防针呢？以往商家经常通过老师向学生推销商品，莫非药品或卫生防疫部门也知耻而后勇地打起了学生的主意？我有一个原则，不管老师让我掏钱买什么没用的东西，比如作家打着讲课的幌子到小学推销的

让孩子获得没有阅历支持的知识，

相当于给孩子注射知识的预防针。

——郑渊洁

劣质童书，我都会解囊。但是如果校方主动通过往孩子身上注射药剂或口服药片的念头挣钱，我会殊死反抗。作为一个家长，当学校利用权力往你的亲骨肉身体里输入有可能毁了你的孩子的药物时，如果你不但不抗争保护孩子，反而提供经费，你还是父母吗？！

我向儿子要白皮书。老师每次收费都会给家长一张名正言顺的用白纸打印的信，我家戏称其为白皮书。儿子中止进餐从书包里将白皮书找给我看。白皮书上说是给学生注射"甲肝疫苗"。儿子从我的脸色上判断我可能会拒绝交费，他说："我明天必须交钱。不带钱，老师会让我回家拿。"我说："钱你照交，到打针那天，我给你请病假。这针咱们绝对不能打。谁为了经济目的往我儿子身上注射东西，我就跟谁拼命。"我儿子后来说，他从来没见过我的脸色那么难看过。其实这个道理很简单：生养一个孩子不容易。

次日，我给北京市教育局打电话，向他们询问最近是否在全市小学给学生注射甲肝疫苗，回答是否定的。保险起见，我又给北京市卫生局打了电话，答复依然是否定的。为了杜绝冤假错案，再保险起见，我又给儿子就读的学校所在的区教育局打了电话，答复还是不知道此事。放下电话，我浑身颤抖，我不能不想起日本731部队。家长将生龙活虎的孩子送到学校，难道孩子一进校门就变成了任人宰割的牲口？

当天晚上我向儿子宣布，打针那天你不用去上学了。我将调查结果向他通报。往常每逢我不忍心看儿子受应试教育摧残而弄虚作假给他写假条让他获得放风的机会喘口气时，他都比较高兴。而今天他问我："其他同学怎么办？"

我没听明白，问："什么其他同学？"

郑亚旗说："既然你知道了我们学校打预防针是为了赚学生钱，针剂可能是伪劣产品，你干吗不救所有的学生？他们也是父母费劲儿养大的呀？"

我和儿子对视了足足两分钟一句话没说。我清楚我这次如果不制止他的学校给学生打甲肝疫苗，我这辈子甭想在他面前抬头做人了。

第二天，我以家长身份匿名给区教育局打了举报电话。放下电话，我担心区教育局忙于升学率疏忽我的举报，又给某电视台新闻部我的一位记者朋友打了电话，请他出面直接制止我儿子的学校擅自给学生打针。那朋友马上以电视台的名义给学校打电话，校方一听是电视台自然紧张，答复打针系地区卫生防疫站通过校医联系实施的。记者朋友又给该卫生防疫站打电话核实，答复是此事纯属本站工作人员个人行为，没有接到文件。

次日，学校向家长退款。我再三叮嘱儿子，不能走漏是我破坏打针的风声，否则你在学校的处境会朝不保夕。儿子说当然得保密。

我不得不佩服记者的嗅觉。我以为事情已经完了，没想到几天后记者朋友来电话说，他继续调查了此事，甲肝疫苗一支才十元，学校敢收学生十八元！他还说卫生防疫站可能是十三元批给学校，学校每支干赚五元！他还说卫生部认可的生产甲肝疫苗的厂家有哪家哪家，其余的都是不合格药品。还说经他了解，我儿子学校准备给学生注射的甲肝疫苗的生产厂家名不见经传。

学校是教书育人的地方。如果学校将学生当作摇钱树，这还是学校吗？例如三流童书作者伙同出版社和书店打着讲课的幌子进小学兜售劣质童书给校方提成的现象比比皆是，在一些学校，我们的孩子事实上已经成为学校向家长勒索钱财的人质，有自己的亲骨肉在"绑匪"手中，哪个家长敢不老老实实交钱？但当学校要拿孩子的命挣钱时，家长也能付出吗？

我给凡是不想白发人送黑发人的家长提个醒：当您的孩子上学后，告诉您学校要收费给学生打针吃药时，不管您昔日在孩子面前精心塑造了多么道貌岸然正人君子的高大形象，您在交费后也必须屈尊协助孩子"作案"，在打针吃药那天逃学。否则孩子一旦遭遇不幸，巧妇难为无米之炊的您拿什么望子成龙？

知识的预防针更不能给孩子打。让孩子获得没有阅历支持的知识，相当于给孩子注射知识的预防针。

第 *25* 课

学龄前儿童重要的事是养成好习惯

2018 年 2 月 13 日上午我应邀到外交部演讲，原定我的演讲在外交部蓝厅举行，蓝厅是外交部召开新闻发布会的场所，能容纳两百人。

由于报名的外交官太多，外交部临时将我的演讲移到外交部能容纳千人的国际会议厅。我作了两个小时的脱稿演讲。外交部副部长王超在演讲现场告诉我，他从二十一岁开始看我的作品。外交部副部长告诉我，他"小时候"看我的作品，我这才意识到我真的写了很多年。

我是从 1978 年开始写童话，今年是我创作童话四十周年。在这四十年中，我大约创作了两千万字的作品，平均每天写一千三百字。这需要我有健康的身体，如果带病写作，对我来说，创作就由美好的事情变成了灾难。我之所以能在四十年中几乎不生病，受益于在我学龄前时期，在父母的导向下，养成了好习惯。

依据我的亲身经历，我认为，学龄前儿童特别是三岁以前的孩子，养成好习惯很重要。

我的姥爷刘润甫是名医，大家上网搜索刘润甫这个名字能找到我姥爷。

图 / 郑渊洁在外交部演讲

在孩子学龄前，让孩子养成好习惯，

比背古诗背英语单词重要。

——郑渊洁

我小时候问姥爷，什么时候我能长大，有没有能让我加速长大的魔法。

姥爷说，人能照顾自己，就长大了。不管他多少岁。什么叫能照顾自己？就是有好的生活习惯，不生病。姥爷说，有的人六岁就会照顾自己，他已经长大了。有的人六十岁还不会照顾自己，他依然没有长大。什么是照顾自己？半天几乎不喝水，就是不会照顾自己。

我一个人写《童话大王》月刊三十三年，1985 年 5 月《童话大王》杂志创刊时，我十分清楚一件事：在今后我写《童话大王》月刊的岁月中，我一天病都不能生。我如果带病写作，会很痛苦。第二个受损的是读者，因为我带病写出的作品可能质量差。

我已经做到了在我一个人写作《童话大王》月刊的三十三年中，没有生过病。在这三十三年中，我每天在健康的身体的支持下，写作《童话大王》月刊。由我一个人作品支撑的《童话大王》月刊三十三年出刊四百五十一期，累计发行量超过两亿册。相比一个人写作一本月刊三十三年这个奇迹，我认为一个人三十三年几乎不生病也是奇迹。

我是怎么做到的呢？这要感谢我的父母和他们的父辈在我的学龄前时期让我养成了好习惯。

我的祖父和外祖父都是中医。刚才说了，外祖父还是名医。他们在我父母小时候，就让我父母养成了有利于身体健康的好习惯。这些好习惯，能预防疾病。

外祖父告诉我，最好的医生是能防病的医生，这叫上医治未病。中等的医生能在早期发现病并治愈。再次之的医生治疗病入膏肓的患者。他还多次给我讲一个故事，说是魏文王问名医扁鹊，你家弟兄中谁的医术最高？扁鹊说我大哥最棒，我二哥第二，我第三。魏文王说不对吧，你说你医术在家里最差，可为什么你的名气最大呢？扁鹊说，我大哥告诉人们如何防病，他使得周边的人不得病，所以他没机会治病。我二哥在别人刚得病时就发现了，大家认为他只能治疗小病。我呢，别人病得不行了都来找我。我的外祖父在华北国医学院任教时，授课最受欢迎，他讲课就是说故事。外祖父常挂在嘴边的一句话是：用一句话概括中医，就是防病。我由此从小就有防病意识和行动。

我出生后，我的爸爸妈妈让我在学龄前时期养成了一些好的生活习惯。比如每天固定时间大便一次。

每天固定时间大便一次非常重要，比学英语重要。我看到有的爸爸妈妈对孩子的学习成绩特别看重，甚至超过孩子每天固定时间大便一次。我就认为这是本末倒置。

每天固定时间大便一次的人，比好几天才大便一次的人，患直肠癌的概率低很多。

我小时候，就在父母的身教下，养成了不停小口喝白水的习惯。我只喝白水，任何饮料都不喝。我的外祖父告诉我，不停小口喝水，就不会感冒。他还说不能憋尿。如果喝了水不憋尿，随时去小便，喝的就是灵丹妙药。如果喝了水憋尿，喝的就是毒药。

经常见我的人都知道，我手里永远有个水瓶。我不停小口喝水，不停去洗手间，把病毒都尿出去了。白水像警车，进入身体后，抓住坏人，送进马桶。

我到世界各地去旅游，给我留下深刻印象的不是景点，而是世界各地的卫生间。

早睡早起也是我们家的祖传生活习惯。我写《童话大王》月刊三十多年，每天晚上九点睡觉。清晨四点半起床写作到六点半。清晨没有社会活动，没人打扰，万籁俱寂。

我认为人身上最重要的器官是大脑。我们进食，要挑大脑喜欢的食物，换句话说就是要吃对大脑有好处的食物。不吃或少吃大脑不喜欢的食物。应该让我们的孩子在学龄前养成吃大脑喜欢的食物的习惯。

什么是大脑喜欢的食物呢？我的亲身体会是：白肉，比如海鱼，还有坚果、蔬菜。我只吃橄榄油和亚麻籽油，不吃花生油。大脑最害怕的食物是糖，我不吃甜食，不吃冷饮，从来不碰碳酸饮料。我认为爸爸妈妈应该让孩子从小养成对甜食敬而远之的习惯。

我吃白水煮鸡蛋。吃牛油果。我能一个人将《童话大王》月刊写三十三年，这些食物劳苦功高。

我吃饭时，先吃几口菜，再吃肉，再吃菜，我管这叫菜包肉。这样吃，能减缓进食时血糖升高的速度，有利于保护心脏。

一定要吃早饭。我不吃加工过的食物，比如香肠。我尽量不在外面用餐。通常我们说"饭前便后洗手"，但我觉得便前洗手更重要。我们手上有很多病菌，如果在上厕所之前洗手，会减少很多传染疾病。去卫生间时第一件事是洗手，洗完手后再去上厕所。便前便后都要洗手。

我的这些好习惯，都是在学龄前养成的。

我认为，这些好习惯，让我受益。如果爸爸妈妈能让孩子在学龄前特别是三岁前养成这些好习惯，孩子将受益终生。

我的孙女四岁生日时，我给她写了一封信，我给大家念一念：

郑在：

你好，你马上就四岁了。从小养成好习惯最重要：

吃早饭；喝白水；正确刷牙；与人为善；自嘲；每天大便一次；不和甜食交朋友；注意安全；阅读；不憋尿；不给别人添麻烦；会照顾自己；上学之前就是玩；尽量少去幼儿园；多和年龄不同的人相处。

以上都做到，二十年后，我将为你骄傲。你姑姑就是这么做的。她只上过两个月幼儿园，每天只去两小时。她报名上小学办理登记时，老师问她三加三等于几，她摇头。老师一边吃惊一边看我。我问老师：你们学校不教三加三等于几？今年，你的学霸姑姑被美国六所顶级名牌大学同时录取。

祝你四岁生日快乐。

爷爷：郑渊洁

2017 年 5 月

我孙女出生后，我就想，能不能有一套绘本故事书，孩子看完，就能养成好习惯。于是我给孙女写了《郑渊洁十二生肖童话绘本》，一共十二本。让孩子养成十二个好习惯。这套书，郑亚旗给出版了，他认为应该让更多的学龄前孩子养成好习惯。《郑渊洁十二生肖童话绘本》的销量已经超过了两百万册。

在孩子学龄前，让孩子养成好习惯，比背古诗背英语单词重要。

郑在：

　　你好。你马上就四岁了。从小养成好习惯最重要：

　　吃早饭；喝白水；正确刷牙；与人为善；自嘲；每天大便一次；不和甜食交朋友；注意安全；阅读；不憋尿；不给别人添麻烦；会照顾自己；上学之前就是玩；尽量少去幼儿园；多和年龄不同的人相处。

　　以上都做到，二十年后，我会为你骄傲。你姑姑就是这么做的。她只上过两个月幼儿园，每天只去两小时。她办理小学入学登记时，老师问她三加三等于几。她摇头。老师一边吃惊一边看我。我问老师，你们学校不教三加三等于几？今年，你的学霸姑姑被国内六所名牌大学同时录取。祝你四岁生日快乐。

　　　　　　　　　　爷爷：郑渊洁　2017.5.

第 *26* 课

让孩子从小相信奇迹

一个人的学龄前时期是人生最重要的时期，是为人生打基础的时期。如果爸爸妈妈或其他监护人认为孩子小，只要关注孩子的衣食住行就行了，这样会错失良机。孩子成年后的几乎所有行为，都和学龄前的生活环境、接触的人、受到的影响有关。有句老话有道理：种瓜得瓜，种豆得豆。一个人在学龄前时期接受的所有信息，都相当于种子，孩子相当于土地，种子植入土地，随着孩子年龄的增长，种子生根发芽，导致这位孩子成年后的人生走向。

我认为在孩子学龄前时期，对孩子进行奇迹教育对孩子的未来有益。"奇迹教育"这个词我在别处还没听到过，不知是不是我的发明。什么是奇迹教育？我认为就是让孩子从小相信奇迹会发生。

我认为，奇迹属于相信会出现奇迹的人。随时做好迎接奇迹的准备，奇迹就会出现。什么是迎接奇迹的准备？与人为善，乐于助人。然后，从接纳奇迹到为别人创造奇迹。

有一次我带孙女去乘飞机去上海。我和孙女出机场时，孙女看见很多人举着各种牌子在机场出口站着，就问我，他们在干什么？我说，他们在接人。

孙女说，什么时候有人会接我呢？

孙女这句话让我意识到我对她进行奇迹教育的机会来了。

回到北京后，我对儿子郑亚旗说，咱们联手对我孙女进行一次奇迹教育吧。于是，郑亚旗带着女儿再次去外地。2017 年 11 月 18 日，当郑亚旗和女儿回到北京时，我在北京首都机场的出口高举孙女的画像站在接人的人群中。当孙女意外发现爷爷站在机场出口高举着她的画像接她时，惊喜、惊讶、惊奇的表情相继在孙女的脸上轮番你方唱罢我登场。孙女兴奋得难以置信。我告诉她，这就是奇迹，你的一生当中，会有很多奇迹等着你，他们埋伏在你的不同年龄四周等着你，有的都等得不耐烦了。孙女说，奇迹会不等我吗？我说，会，如果你不相信奇迹会出现，奇迹就去找别人了。

美国有一档名为《急速行进》的真人秀节目，收视率很高。节目形式是十二对选手竞争：不给什么钱，让您走遍天南地北历尽千难万险，哪对选手坚持到最后，谁就获得一百万美元奖金。湖南卫视在 2006 年引进了这档节目的版权，名为《我是冠军》。节目也由十二对选手展开竞争，竞争项目极其残酷：在西双版纳原始森林里和毒蛇相处；在少林寺为寺庙走百级石阶挑水；飞机跳伞；大海潜水斗鲨鱼；新疆走高空钢丝……

十二对选手分别由名人和草根搭档组成。草根在六个赛区报名海选，海选的方式就是不吃不喝不睡开始行走，每个赛区坚持到最后的二十个人，由两位名人到该赛区从中挑出两名搭档。十二对选手由此组建完毕。

湖南卫视想让我参加《我是冠军》真人秀节目。编导找到我，我很喜欢参加这样的节目：几百台摄像机隐藏拍摄，天上直升机航拍，各种竞赛项目十分刺激惊险。

图 / 郑渊洁在机场为孙女制造奇迹

奇迹属于会相信奇迹的人。随时做好

迎接奇迹的准备，奇迹就会出现。

——郑渊洁

我一直有用历险方式走遍全国的想法，比如徒步，比如骑自行车，比如骑摩托车，比如驾驶汽车。但是这些想法都由于忙于写作而无法实现。现在机会来了，我想参加《我是冠军》。

但是我的家人不同意，尤其是我的父母坚决反对，他们认为像飞机跳伞这样的项目不适合儿子，风险太大。我妈妈说，节目全部完成需要一个多月，《童话大王》月刊的稿子怎么办？但是我还是想参加。

经过全家人协商，最后双方达成双赢协议：我必须第一个被淘汰，才能参加。这样我既参加了节目，又没有太大危险，因为高刺激的项目在中后阶段，而且也不耽误写作《童话大王》，因为淘汰了就回家了。

2006年8月21日，我和歌手谢雨欣到长沙"世界之窗"公园草根海选场地，从入选的二十位草根选手中挑选搭档。

我看着二十位脚上布满血泡的选手，其中不乏体育学院的年轻力壮的男女生，我自知第一关就要被"淘汰"，我不想连累成功率高的年轻人，因为冠军的奖金是一百万人民币。我就选中了二十名草根选手中年龄最大的一位三十多岁的女士欧阳。

十二位名人和十二位草根搭档开始了为期六天的全封闭魔鬼训练。教练教给我们野外生存方法，比如生吃蛇的方法，比如在海里如何不被鲨鱼攻击，比如同伴被毒蛇咬了后如何用嘴吸毒液救小伙伴，比如跳伞时主伞万一打不开如何使用备份伞……

魔鬼训练的第一天晚上，我听见有人按门铃。我开门，是欧阳。

欧阳拿着宾馆的电热壶。她对我说："郑大哥，我听嫂子说您爱上火。我给您熬了冰糖梨水，这个下火。"

欧阳是湖北沙市一家小餐馆的老板娘，她会烹饪。

我收下电热壶，说谢谢。欧阳走后，我没有喝冰糖梨水，而是倒掉了。公安部禁毒局曾经委托我写作告诫孩子们终生远离毒品的童话，为此我到戒毒所接触过吸毒人员，他们告诉我，千万不要喝别人给的液体，里面可能被人下了毒品，他们都是被最好的朋友在液体里下了毒品而吸毒的。所以我不敢喝欧阳给的冰糖梨水。

魔鬼训练六天期间，欧阳给我熬了六壶冰糖梨水，我都悄悄倒掉了。

9月4日，真人秀节目开始。节目组收走所有选手的钱、银行卡、手机、电脑。在节目进行中，规则是选手不可以向认识的人借钱要钱，可以通过乞讨、打工挣钱。

十二对选手登上直升机，被运送到陌生的地方。

极其残酷、刺激、充满危险的真人秀节目开始了。

在奔涉途中，我发现欧阳经常写日记，她告诉我，我1993年到湖北沙市签售时，她到现场，由于人太多，挤不进去。后来她读了《郑渊洁和皮皮鲁对话录》，我在这本书中建议小读者写日记。从那时起，欧阳养成了写日记的习惯。我看了她的文字，认为她的文笔很好。

我和欧阳历尽千难万险从长沙到杭州，再到嘉兴，再到嘉善，再到上海，再到南京。

南京是第一对选手被淘汰的地方。下火车时，我故意延缓速度，当我和欧阳登上阅江楼时，主持人程前宣布：郑渊洁和欧阳成为第一对被淘汰的选手。

欧阳痛哭。无论我和其他选手怎么劝，欧阳也止不住哭。

到住地后，欧阳还哭，我劝她，这是一个节目，参加了就是成功，总会有人陆续被淘汰。

欧阳告诉我，她和丈夫、儿子、小叔子、公公婆婆住在十几平米的房子里。她的餐馆经营不好，靠挣的钱买房子几乎不可能。有一天，她看见了湖南卫视《我是冠军》的广告，她看见了曙光，她想夺冠，想用一百万奖金买房子。当她到了海选现场，看到几乎全是年轻人时，她没有信心了。海选行走时，她眼前是海市蜃楼般的房子。靠着这个梦想，她愣是成功了。

但当我在二十名选手中挑选搭档时，她又没有信心了，因为其他人都是二十多岁的年轻人。当我选中她时，她认为冠军非她莫属了。

没想到第一个被淘汰，她能不难过吗？

我这才知道欧阳为什么痛哭不止。我想到自己是有意第一个被淘汰，而她的房子梦因此破灭了。

这时，编导进来向我和欧阳归还赛前收走的两人各自的钱和手机等。我看见欧阳只有五元钱。

我知道节目组承担选手旅行费用，但我还是觉得只有五元零花钱太少了。我问欧阳怎么回事？她说，节目组对草根选手的底细毕竟不了解，为了确保节目顺利播出，为了防止草根选手中途离开，草根选手需要向节目组交一些保证金，待节目全部录制完成并播出后，保证金还给选手。欧阳家不富裕，交了保证金后，就只剩二十元零花钱了。

我问："二十元中的十五元去了哪儿？"

她说："给您熬冰糖梨水了。"

我呆若木鸡。

次日，我和欧阳从南京分别返回北京和沙市，我俩在10月3日去长沙录制节目的大结局。

在从南京飞回北京的飞机上，在万米高空，我决定帮助欧阳完成房子梦。但我不会给钱，而是给机会，给奇迹。我决定用二十三天时间同欧阳合写一本书并出版，让她用书的预付稿费在沙市买房子。这本书记录我们参加《我是冠军》真人秀节目相处的八天，以她的文字为主，我的文字在全书占四分之一篇幅。欧阳著，郑渊洁协著。我在这本书获得的稿费全部用于支援欧阳购房。

我看过欧阳的文字，我认为她有写作的基础。之所以是二十三天时间，因为二十三天后，是我和欧阳到长沙录制《我是冠军》大结局的时间。如果在节目现场我突然拿出那本书，欧阳拿出用稿费买的房子的房产证，我认为，这个真人秀节目真正的冠军就是我和欧阳了。

二十三天出书，而且一个字还没有，是异想天开吗？

到北京下飞机后，我给我的签约出版社社长打电话，说了自己的想法。社长笑了："二十三天出版一本书？现在还没写？绝对不可能。"

我给社长讲冰糖梨水的故事。

电话那头社长一拍桌子："渊洁，咱们干！就一个条件，让她六天拿出八万字书稿。她写一章传给你一章，你修改后传给我们，这本书中你的文字也要在六天之内完成。我们全社一百多号人全忙这本书，咱们创造一个中国出版史上的奇迹。"

我说："请你今天和欧阳用传真方法签出版合同，立即预付稿费。让他们家用稿费马上买房子。"

欧阳从电话里得知我策划她写书的信息后，不相信自己能写书。我鼓励她。我看到她写的第一章后大加赞赏，由此欧阳有了自信。她写一章，我改一章，出版社排版一章，全部流水作业。我发现，在鼓励下，她越写越好。

同时，欧阳的丈夫用预付的稿费去买房子。

10月2日，我在北京登机前，出版社印制科长将墨迹未干的书送到机场。

10月3日，在湖南卫视六百平米大演播厅，所有《我是冠军》十二对选手云集，直播大结局。

主持人程前首先对我和欧阳说："郑老师、欧阳，作为第一对被淘汰的选手，你们想对观众说什么？"

我从怀里掏出新书，欧阳从兜里掏出房产证。

我叙述原委。

全场先是鸦雀无声，继而掌声雷鸣。

从抓住机会，到为他人创造机会。生活本身，就是童话。

第一个被淘汰，也能成为冠军。

请在孩子学龄前对孩子进行奇迹教育。让孩子从小相信奇迹。用自己的善良接纳奇迹，再从接纳奇迹到为别人创造奇迹。

第 27 课

有一种不舒服能让孩子一生舒服

几年前，我应邀参加一个电视节目，我是三位评委之一。三位评委是同龄人。我到那座城市入住电视节目组为我们三位评委预定的酒店后，我发现我住的是独栋别墅，而另两位评委住的是普通客房，我感觉不舒服，我对节目组的工作人员说，要么给那两位评委也换成别墅，要么我和他们住一样的房间。大家做同样的事，待遇不一样，我会不舒服。

我外出参加活动，如果有相同年龄的同行者和我乘坐同一架飞机，同行者中只要有一位同龄人不坐头等舱，我也不会坐，因为那样我会感觉不舒服和不自在，我会陪他一起乘坐经济舱。

这其实是平等意识，最可贵的平等意识是做同一件事时，当自己的待遇高于同龄人时，有不自在或者不舒服的感觉。

我的平等意识较强，这源于我小时候，我妈妈总是带我到邮局去做一件事。那是上个世纪的五十年代，我还记得我妈妈第一次带我去邮局的情景。我问妈妈这个地方是干什么的，我妈妈说是邮局。我又问邮局是干什么的？妈妈说是寄信和寄钱的地方。

我妈妈和爸爸结婚后，我妈妈每个月给丈夫在山西农村的亲人邮寄三十元钱，那时的三十元钱不是小数。我爸爸妈妈给老家的亲人这样每个月寄钱寄了很多年。我爸爸生活在农村的弟弟妹妹靠这些钱完成了学业。

我还记得一次我在邮局问妈妈，为什么要把咱们的钱寄给他们？妈妈说，他们生活得不如咱们。我的爸爸妈妈可能没想到，他们带着孩子去邮局给生活在农村老家的亲人寄钱，完成了对孩子的平等教育。让孩子知道，什么时候应该不舒服。

有的人，看到别人比自己生活好不舒服，有的人，看到自己比别人生活好不舒服。后一种不舒服是珍贵的不舒服。有了珍贵的不舒服之后，这样的人会试图消除差异，会让整个人生舒服。

我多次被妈妈带着去邮局给爸爸生活在农村的亲戚寄钱后，一次我在幼儿园，一位小朋友不小心打碎了一个碗。老师怒不可遏。老师坐在小凳子上，将那小朋友叫过去，老师脱下那小朋友的裤子，露出屁股。老师将小朋友面朝下趴在老师的腿上，命令全班小朋友排队打那小朋友的屁股。那小朋友嚎啕大哭。

这样的场面令我非常不舒服，我同情那挨打的小朋友。轮到我打时，我的手只轻轻挨了那小朋友一下。

老师见状大喊："郑渊洁，你是打他还是给他挠痒痒？再打！"

1960 年时，在幼儿园吃饭定量，吃不饱。一天午睡时，我饿得睡不着。但是上过幼儿园的人都知道，午睡时如果睡不着，老师过来时必须装睡，否则老师会不干。

两个老师坐在我的床栏杆上，一个老师从兜里掏出一个生红薯，她说是

图 / 郑渊洁和父母

越是考试分数差的孩子，越应该

受到老师和家长的关心和呵护。

——郑渊洁

从食堂偷的，两个老师一人一口轮流吃那生红薯，我馋极了。闭着眼睛使劲咽口水。直到现在，我还认为生红薯是山珍海味。

感觉不舒服的事情多了，我就不喜欢去幼儿园了。我曾经在妈妈的自行车后座上使用跳车的方法逃避上幼儿园。后来每次看电影《铁道游击队》时，我都会想起自己童年的跳车经历。

爸爸妈妈在孩子学龄前时期，如果能依靠身教培养孩子的平等意识，以及孩子对不平等的不舒服感觉，将会让孩子一生舒服。

我上学时，看到老师整天表扬考试成绩好的学生，整天贬低考试成绩不好的学生，我就不舒服。

我的作品人物角色中，影响最大的，是皮皮鲁。关于皮皮鲁的故事书刊，发行量已经超过三亿册。皮皮鲁就是平等意识的产物，是平等的化身。今天是 2018 年 2 月 20 日，狗年大年初五，皮皮鲁是春节诞生的，是三十七年前的春节。1976 年至 1988 年，我和父母"两地分居"。我在北京，父母在山西省会太原。这期间的每年春节，我几乎都去太原与父母团聚过节。

去太原前，我决定利用这次较长的假期写一部中篇童话。

1981 年 2 月 8 日是正月初四。我构思写一部专门给男孩子看的童话，主角是男孩子，其性格顽皮，爱恶作剧，但本性善良，有同情心和正义感。我看到老师因为分数歧视学生，不平等，不舒服。这种不舒服催生了皮皮鲁。我希望通过皮皮鲁这个角色，让读者意识到所有孩子在学校都应该有尊严，这个尊严，不该因考试分数而受影响。而且我还觉得，越是考试分数差的孩子，越应该受到老师和家长的关心和呵护。

1981 年 2 月 10 日大年初六上午，我开始给这位男孩子起名。我认为童话人物的名字应该与生活中的人的名字有所区别，应该有滑稽的成分，同时很容易被读者记住。由于他是中国孩子，他的姓氏必须是中国姓氏。我给他起了大约七八个名字。在十一点时，我从中选定了"皮皮鲁"。当时中国大陆有位将军叫皮定均，我由此断定"皮"是中国人的姓氏。我对皮皮鲁这个名字很满意，他既是板上钉钉的中国姓氏，全名又与普通中国人的名字有所区别，容易引起孩子们的好奇。我同时为皮皮鲁设计了一位双胞胎妹妹鲁西西。

后来我写的舒克和贝塔，在中国也都有这个姓氏，舒克的舒，贝塔的贝，中国都有这个姓。

2月10日下午，我趴在太原市的这张写字台上开始第一次写皮皮鲁。作品名称是《皮皮鲁外传—写给男孩子看的童话》。我写中篇作品有个规律，刚开始写时进度很慢，一般一天只有几百字，越到后边写得越快，一天甚至能写到近两万字。2月10日下午，我只写了数百字。

2月11日，我进入了状态，写了九千字。我的写作属于即兴写作，写前虽然也有"构思"，但那构思与作品完成后的故事情节大相径庭。从这天上午起，皮皮鲁开始拽着我走，上天入地，纵横捭阖，直累得我气喘吁吁。

2月12日又写了九千字。这时的我已是身不由己，被动地跟着皮皮鲁走。

2月13日，我写了一万字还欲罢不能，直至感到恶心，四肢无力才放下笔。

2月14日，我发烧了。服药休息一天，晚上退烧。

2月15日，我完成了《皮皮鲁外传》，共计三万字。

至此，世界上多了一个叫皮皮鲁的人。时至今日，皮皮鲁、鲁西西已经成为几亿人的童年记忆。

仔细想想，如果没有我童年时被妈妈带着去邮局给生活在农村的爸爸的亲戚寄钱，如果我在童年时没有形成由于平等意识产生的不舒服感，就不会有今天的皮皮鲁。

很多爸爸妈妈或者爷爷奶奶姥爷姥姥会惊讶学龄前孩子的语不惊人死不休。有时孩子突然冒出的一句话会让大人惊讶不已回味无穷。"咽喉要道"这句话虽然出现在《黄帝内经》这部医书里，但我愿意将"咽喉要道"理解为是指语言的重要。

我们现在常听到这样一句话，叫做"最后一公里"。

"最后一公里"貌似特指出行，距离住所最后一公里往往没有地铁或者公交车站。我认为，人际交往的最后一公里更重要。作为家长，应该在孩子学龄前时期培养孩子的人际交往"最后一公里"意识。

什么是人际交往"最后一公里"意识？前些年有球迷形容中国足球队在球场上将所有精力施展在球门之外的地方，临门一脚也就是"最后一公里"不行，前功尽弃，功亏一篑。与人交往也是这样，如果忽视最后一公里，就会导致高质量的朋友越来越少，高质量的朋友少，人生机会就少。人际交往的最后一公里，往往就是咽喉要道的一句话，少说一句话，完败最后一公里，前功尽弃。

我给郑亚旗有十条家训，我认为最重要的一条是收到东西后第一时间告诉别人，事情有了结果或者改变，也要第一时间告诉别人。事情还在进行当中，杳无音信和泥牛入海是人际关系的大忌。也是失去高质量朋友的重要原因。

在孩子学龄前时期，培养孩子的由于自己的待遇高于同龄人而产生的不舒服感，孩子会因此一生舒服。

第 *28* 课

让孩子从小学会不给别人添麻烦

自从《郑渊洁家庭教育课》开课后，我经常获得家长的反馈，昨天我看到一位家长给我留言，他说在春节假期结束驾车返回工作地的途中，他用近八个小时听完了二十七课，他感觉除了探讨教育孩子，《郑渊洁家庭教育课》还有强大的信息量。如果大家不反对，我就继续增加《郑渊洁家庭教育课》的信息量。我认为，信息量大的家长，教育孩子时视野开阔。

爸爸妈妈希望自己的孩子拥有竞争力，希望自己的孩子长大在和他人竞争时胜出。长大后拥有的竞争力，大多数都是在人的学龄前时期打下的基础。在各种竞争力中，不给别人添麻烦是一种非常有效的竞争力。

不给别人添麻烦，自己的麻烦就会少。常给别人添麻烦，自己的麻烦就会多。

我们知道，在各种财富中，时间财富最珍贵。给别人添麻烦，就是侵占别人的时间财富。有人认为，侵占别人的时间财富不算侵占他人财产，其实恰恰相反，侵占时间财富是最大的侵占他人财产。

在我小时候，我妈妈对我说的最多的话是"要靠自己"，还有就是"你走你的阳关道，我走我的独木桥"，再有就是"万事不求人"。

我妈妈还常说做事不能投机取巧，不能惦记别人的东西。我后来在作品中写了一句话，是受这样的教育的结果。这句话是这么说的：可以分享别人的喜悦，不可以分享别人的成果。

我小时候，爸爸也常对我说天下没有免费的午餐，你给别人添了麻烦，别人也会给你还回来麻烦，不如靠自己。

我从小很少见到爸爸妈妈托人办事，他们总是靠自己增强实力。比如我爸爸，之前咱们说过，我出生时爸爸是石家庄高级步兵学校的教员，他没有选择走关系跑官的方法，他就是用每天晚上和周末休息日在家看书备课的方法增强自己的实力，当北京解放军总政治部 1961 年到石家庄高级步兵学校选能写能讲课的人时，我爸爸就被选中了。这件事，是我的父母对我最有效的不给别人添麻烦、万事不求人和靠自己增强实力的身教。

我爸爸妈妈是不求人不托人办事的人，但他们是乐于帮助别人的人。我爸爸帮助过的人，不少人成为将军。在这样的家庭环境中长大的我，也成为不给别人添麻烦的人。我有了孩子后，我也将不给别人添麻烦作为教育孩子的重要内容，最好的方法就是身教。

我认为对人类健康威胁最大的发明是椅子，包括汽车座椅。我在 7 个月内瘦身成功，重要的方法是尽量离开椅子，包括汽车座椅。

现在我在北京外出首选的交通工具是地铁。2017 年 4 月 17 日，我在北京乘坐地铁外出时，在地铁车厢里见到一位小女孩儿在读我的书。我的助理将这一场景拍下照片。这张照片出现在我的微博上后，有网友认为我应该主动给小女孩签名。我说，我之所以没有和这位小读者在地铁上交流，源于我判断她是放学自己回家，四周没有监护人。一个成年人突然以作家身份和她交流并且是真的，容易导致孩子今后在独自外出时遭遇陷阱。这个微博在前天，也就是 2018 年 2 月 21 日被一位网友找出，在微博立刻上了热搜榜，成千上万的网友对此点赞。这也是不给别人添麻烦。

孩子如果在学龄前时期就养成不给别人添麻烦、靠自己的努力增强实力的价值观，长大后会少走弯路。

这些年，常有读者和媒体问我，郑州有家"皮皮鲁西餐厅"，是你郑渊洁开的吗？我说不是。大家就问，那他们为什么可以不经过你的授权使用你郑渊洁笔下的著名文学角色的名称呢？文学角色的商品化权不是受法律保护的吗？更有甚者，郑州那家餐厅还恶意抢注了第 3302660 号皮皮鲁商标。我认为，这个经营者在成长过程中没有受到不给别人添麻烦和靠自己的努力增强实力不投机取巧的教育。

今天是 2018 年 2 月 23 日，一年前的今天，我到国家商标评审委员会对郑州这家饭馆恶意抢注的皮皮鲁商标提起无效宣告。商标维权耗用了我大量时间和精力。在成长过程中没有受过不给别人添麻烦、靠自己的努力增加实力不投机取巧教育的人，长大后将社会环境变成垃圾场，也降低了自己的社会评价，影响了自己的事业发展。因为在社会评价体系中，诚信评价位于首位。丧失诚信的人，做事举步维艰。

我们来看看类似郑州这家饭馆恶意抢注皮皮鲁、鲁西西、舒克和贝塔等商标给我带来了什么。

中国已经是世界上的商标大国，我们中国现在的注册商标总数已经超过五百万个，注册商标数量据称已经是全世界第一。质量呢？

图 / 郑渊洁和父母，拍摄于 1956 年

不给别人添麻烦，自己的麻烦就会少；

常给别人添麻烦，自己的麻烦就会多。

——郑渊洁

注册商标的质量，是指注册商标的原创性；指注册商标对知识产权的保护；指注册商标管理者是保护原创者还是保护恶意抢注者。

我们知道，商标注册是保护知识产权的体现。注册商标的目的是保护原创，保护知识产权，促进经济发展。如果注册商标里包含很多侵犯他人知识产权的恶意抢注商标，而且这些侵犯他人知识产权的商标受到法律保护，就严重挫伤了原创者的积极性，使得商标管理部门成为助纣为虐侵犯知识产权的帮手。如此，商标就成为原创者的"伤标"。伤害的伤，伤痛的伤。

我来说说我写作四十年来和注册商标的故事，为各位家长提供对孩子进行不给别人添麻烦、靠自己的努力增强实力不投机取巧教育的重要性。

我自 1978 年开始童话创作。当时我二十三岁。今年是我童话创作四十周年。

我原创的五个主要文学角色是皮皮鲁、鲁西西、舒克、贝塔和罗克，在四十年间，刊载皮皮鲁、鲁西西、舒克、贝塔和罗克的《童话大王》月刊和图书销量超过三亿册，影响了中国三代读者。我有三十一年时间是每天凌晨四点半起床写作。我想通过辛勤换得收获和果实。2008 年，联合国世界知识产权组织向我颁发"国际版权创意金奖"，表彰我原创了大量作品。

然而，商标和商号让我焦头烂额四面楚歌。

1992 年，我意识到皮皮鲁、鲁西西、舒克、贝塔和罗克由于书刊发行量巨大，已经有了商业价值和明显的商业品牌特征，就是角色商品化权。我开始着手为他们申请注册商标。由于我是外行，就找了商标代理公司代理。代理公司开出的价格是每个注册商标三千元。

我通过商标代理公司，注册了皮皮鲁、鲁西西、舒克、贝塔和罗克商标，共花费一万五千元。

我还在当时的《童话大王》月刊上通过律师告诉小读者，皮皮鲁们已经是注册商标了，受法律保护。

好景不长，没多少日子，商标代理公司告诉我，有人恶意抢注了皮皮鲁商标，已经进入公告期，问我是否要提异议？

我诧异，问咱们不是已经注册了皮皮鲁吗？代理公司说，商标有四十五类，您注册的只是其中一类，其他四十四类，别人都可以注册。我愕然。立刻算了一笔账，如果我将四十五类皮皮鲁商标全都保护性注册，需要花费是十三万五千元。光注册皮皮鲁还不行，必须将鲁西西、舒克、贝塔和罗克都注册了，这样总共需要花费六十七万五千元。

而且并非一劳永逸，十年后这些商标就到期了，如果续展，再花六十七万五千元。

我问代理公司，如果我不注册这么多呢？代理公司说，如果您不全注册，所有您未注册的类别的商标，别人都可以用皮皮鲁们的名字恶意抢注，抢注成功，就是受法律保护的注册商标了。

原来恶意抢注商标类似洗钱，将赃款洗成合法的钱。

商标公司又说，如果您不注册某个门类，被别有用心觊觎您劳动成果的人恶意抢注了，在三个月的公告期，您可以使用提异议的方法阻拦他，提一次异议，还是三千元费用。

当我意识到我的稿费可能不够为我的文学角色注册商标时，我欲哭无泪啼笑皆非。我对商标代理公司说，我索性放弃注册所有商标了。代理公司说，这样的决定后果十分严重，由于您的作品发行量数以亿计，知名文学角色的

图／郑渊洁去国家商标局对侵权商标
提出无效宣告申请

有强大自信的人、高级的人才会自嘲，

低级的人都是嘲笑别人。

——郑渊洁

商品化权和商业价值巨大，会形成到处都是用您的文学角色注册的商标进而销售产品的局面，读者会误以为是你经营的产品，出于对您的信任和爱戴而购买。如果出现质量问题，凡是采取恶意抢注他人商标投机取巧方式经商的人，没有诚信经营的，十有八九坑害消费者。这个锅，还得让您背。

我被吓坏了，赶紧决定不惜拿出所有稿费对皮皮鲁、鲁西西、舒克、贝塔和罗克进行全方位保护性注册。例如，我必须给皮皮鲁注册第二类商标油漆、要给鲁西西注册第七类商标机床、给贝塔注册第十类商标假肢、给舒克注册第十九类商标沥青、给罗克注册第十三类商标军火及弹药等等等等。

当我获悉商标界有个"撤三"的规定后，我举步不前了。

所谓"撤三"，是指商标注册三年之内如果没有使用也就是没有生产和销售，商标局可以对商标拥有者撤销该商标。就是说，我耗资六十七万五千元将皮皮鲁、鲁西西、舒克、贝塔和罗克注册了所有四十五类商标后，我必须经营这些商标所对应的产品，我要生产罗克牌手枪和弹药，注意，不是玩具枪，是真枪。玩具枪是第二十八类商标。我还要生产和销售鲁西西牌机床，包括车床、铣床、刨床等。我还要生产和销售皮皮鲁牌油漆，还得是环保油漆。还要生产和销售舒克牌沥青。提醒大家一句，还要有鲁西西牌沥青、罗克牌沥青、皮皮鲁牌沥青。

我是童话作家，我应该不缺想象力。然而我的想象力面对这样的场景显得贫乏和枯竭：作家郑渊洁每天一边写作为《童话大王》月刊供稿，一边身兼军火商、机床制造商、沥青供应商、第二十七类地毯制造商、第三十四类火柴制造商、第十类假牙制造商……

我问代理公司，就没有一劳永逸的方法？他们说有，申请驰名商标。如果皮皮鲁被评定为驰名商标，任何人就不能注册其他种类的皮皮鲁商标了。我问怎么申请？代理公司说您得出六十万元。我问这六十万元给谁？他们说我们代理公司留三十万元，另外三十万元你懂的。

我说我不懂。这个应该是中纪委懂。

我问拿到了驰名商标就一劳永逸了？他们说驰名商标有效期十年。十年后重新来过。我问再交六十万元？他们说那要看十年后的物价指数了。

我算账，皮皮鲁申请驰名商标六十万，鲁西西六十万，舒克六十万，贝塔六十万，罗克六十万，共计三百万。十年后再交至少三百万……

我愤怒、惶惑、无奈，甚至后悔原创了皮皮鲁、鲁西西们，在商标知识产权保护不力的地方，原创不是自讨苦吃是什么？如今，商标已经成为原创者的伤标。

代理公司预言的场面真的出现了，皮皮鲁、鲁西西、舒克、贝塔和罗克被恶意抢注成功了二百一十八个注册商标！

不管我到哪儿，都会有读者问我，郑州"皮皮鲁西餐厅"是你开的？维纤宝（北京）食品有限公司生产的袋装"卤西西"熟肉制品是你生产的？这个卤是卤肉的卤，靠谐音搭车侵权。四川成都川味之光食品有限公司的"皮皮鲁山椒猪皮"是你授权的？等等。

我可以对这二百一十八个恶意抢注的商标提请无效宣告，如果不找代理公司，每个无效宣告我要向国家商评委交七百元钱。加上人力和时间成本，每个无效宣告至少需要一千五百元，二百一十八个无效宣告我需要拿出四十三万六千元！

近年有读者谴责我不应该使用鲁西西商标卖肉，影响了读者对鲁西西的感情。我一头雾水。经查才发现北京一个企业注册了第 10409714 号卤西西商标，出售熟肉制品。利用谐音傍名牌，用心真是良苦。难道消费者最看重的不是商家的诚信度？我在 2017 年 4 月 25 日前往国家商评委对第 10409714 号卤西西商标提无效宣告申请。（编者注：2018 年 7 月 11 日，国家商标评审委员会宣告第 10409714 号"卤西西"商标无效。）

现在说说商号。商号就是公司名称。

目前全国有一百八十二家公司使用皮皮鲁、鲁西西、舒克、贝塔和罗克作为公司名称。经常有朋友问我说，你到我们广东办了"广州皮皮鲁电子产品有限公司"？我说没有啊。又有朋友问，你到西藏开了"西藏皮皮鲁创业投资管理合伙企业"？还有朋友问我，你在山东日照开了"日照鲁西西互联网科技有限公司"？还有朋友问我，你在成都开了"成都鲁西西餐饮有限责任公司"？还有朋友问我，你来我们这里开了"呼伦贝尔舒克通用航空有限公司"？再有朋友问我，你又在江苏开了"苏州贝塔餐饮管理有限公司"？还有"深圳舒克贝塔电器有限公司"，"烟台舒克贝塔食品有限公司"，"罗克（北京）服饰有限公司"……全国有一百八十二家未经我授权使用我的作品角色命名的公司。这属于不正当竞争，给读者消费者造成混淆。

有人对我说，这么多企业使用你的作品角色名称作为企业商号，说明你的作品影响大。我不知道美国是不是有一百多家迪士尼公司？不知道英国是不是有一百多家哈利·波特公司？

近年来，我国保护知识产权有长足的进步，在知识产权保护领域，唯独商标和商号明显滞后。商标和商号都归国家工商局管辖。

有了文化实力，国家才能真正强大。切实尊重和保护知识产权，国家才能拥有文化实力。

我呼吁国家商标局应该归属国家知识产权局管辖，这样有利于保护商标注册的知识产权。对于商标，最重要的是保护知识产权，而不是经营。商标局归工商局管辖，会偏重商标的经营性，导致大量恶意抢注出现。

2017 年 4 月 20 日，我应邀在 2017 中国保护知识产权高峰论坛发表题为《原创七宗罪》的演讲。之后，国家商标局邀请我到国家商标局，听取我对保护商标知识产权的意见和建议。半年来，国家商标局已经对多起恶意抢注皮皮鲁、鲁西西、舒克和贝塔商标做出不予注册的决定。国家商标评审委员会对上海某电影制片厂恶意抢注成功的第 14761540 号舒克贝塔商标做出无效宣告。无效宣告的理由是：舒克和贝塔作为郑渊洁创作的童话作品中的角色名称在第 14761540 号舒克贝塔申请注册前已为相关公众所了解，其知名度的取得是郑渊洁创造性劳动的结晶，因此，作为在先知名童话作品中的角色名称应当作为在先合法权益得到保护。

我在等待国家商标评审委员会对郑州那家饭馆恶意抢注的第 3302660 号皮皮鲁商标做出无效宣告。

希望有更多的家长在孩子学龄前时期通过身教对孩子进行不给别人添麻烦、靠自己的努力增强实力不投机取巧的教育。让孩子的人生路走得堂堂正正，鹏程万里，气吞山河，充满阳光。

图／国家商标局听取郑渊洁
对保护商标知识产权的意见和建议

正确的教育孩子的方法是，

发现孩子的长处，告诉他什么地方行；

错误的方法是，

发现孩子的短处，告诉他什么地方不行。

——郑渊洁

第 *29* 课

不能随意对学龄前孩子说话

　　有的爸爸妈妈爷爷奶奶姥爷姥姥认为学龄前孩子小，懂的事情少，所以当着孩子说话比较随意，甚至不经过脑子思量，想怎么说就怎么说。

　　其实，正由于学龄前孩子年龄小，对世界的接触少，所以，对于学龄前孩子，身边的监护人就是世界的全部，学龄前孩子特别重视来自监护人的语言，有的语言，甚至会通过自我暗示让孩子照着去做，影响孩子一生。来自监护人的话语，如果对学龄前孩子的身心发育成长有益，就能起到让孩子健康成长的作用。反之则相反。

　　我小时候，有一次在家吃面条有点儿咸，我就吃得少。第二天我和妈妈去姥爷家，姥爷家正好也是吃面条，我妈妈无意说渊洁不爱吃面条，就这么一句话，从此我就不吃面条了。其他时间还好说，我当兵五年期间是集体生活，整个部队都知道郑渊洁不吃面条，每逢食堂吃面条，还要单独给我留出剩馒头吃。

　　直到五十岁时的一次聚会，大家问我为什么不吃面条，我经过追根溯源突然醒悟，才拨乱反正，恢复吃面条。由此可见，父母不能轻易说孩子的行为举止，自我暗示的力量很强大。有了宝宝后，父母的一句话可能影响孩子的一生。问题在于你不知道哪句话会影响孩子一生，保险的方法是假定每一句话都会。

咱们来分析一下妈妈的这句话为什么会导致我半辈子不吃面条。妈妈当众说孩子不爱吃面条，孩子认为这是一种肯定，甚至会认为这是自己与别人不一样的一个标志，于是通过自我暗示指挥自己今后的行为继续奉行这个与众不同的标签。在人生路上的各种场合，通过不吃某种食物彰显自己的特殊。

还需要特别指出一点，孩子都有"人来疯"的潜质，人来疯这句话用在这里可能不特别贴切，咱们只是借用这个词。这里所说的人来疯，特指当众，指当着别人。当众对孩子说的话，比单独对孩子说的话对于孩子的导向作用大很多。

我有了孩子之后，通过总结自己的成长经历，我和学龄前孩子说话时很慎重，不能随便当众说孩子喜欢什么不喜欢什么，特别是涉及食物。不能说孩子喜欢吃什么不喜欢吃什么。有的孩子不喜欢吃青菜，很可能就是监护人偶尔当众说过一次孩子不喜欢吃菜，就像我小时候妈妈当众说我不喜欢吃面条那样。

其实，孩子的很多毛病，是在孩子学龄前时期监护人的某句话特别是当众说的某句话造成的。有的监护人当着自己的孩子当众说："这孩子特独。"孤独的独。然后孩子一生就真的"独"了。有的监护人当着孩子当众说："我家孩子喜欢吃面食。"之后孩子一生就和面食结下不解之缘，不离不弃终生偏食。有的家长当着孩子当众说："我孩子就爱喝饮料。"从此他的孩子只喝饮料不喝白水。

当众对孩子说的话，比单独对孩子说的话

对于孩子的导向作用大很多。

——郑渊洁

当然，如果对孩子有益的话，可以当众说。比如我女儿小时候喜欢吃糖，我认为远离甜食有益健康。我有意当众说我女儿不喜欢吃糖，说了三次之后，至今女儿十九岁了依然远离甜食。

在家里，监护人可以做到当着孩子说话慎重。在幼儿园呢？孩子在幼儿园，家长无法监控老师当着孩子说的话。这就需要家长经常和幼儿园老师沟通，提醒老师。如果发现孩子身上出现了不利于成长的习惯，有可能是孩子在幼儿园听到老师说了什么，作为家长，应该及时和老师交流，争取让老师作出调整。

我小时候还有一种痛苦，就是我和父母一起见到外人时，父母会命令我叫人。

"叫叔叔""叫阿姨""叫爷爷""叫奶奶"是我小时候听到大人对孩子常说的话。经常看到父母带着宝宝见其他成年人，父母会对宝宝说，叫叔叔，叫阿姨，叫爷爷，叫奶奶。让孩子从小养成论资排辈的价值观。

真正的有礼貌不是口头称谓，而是内心的尊重，以及不给别人添麻烦。宝宝见到长辈说"你好"就很好。

我有了孩子后，我从来不要求我的孩子叫这个叫那个，孩子见了成年人，就是说"你好"。刚才说了，真正的有礼貌不是口头称谓，而是内心的尊重以及不给别人添麻烦。

前几天有家长给我留言，他认为"棍棒底下出孝子"这句话有道理。

自古以来，中国父母最担心的事情似乎就是自己老了以后孩子不孝顺。于是乎绞尽脑汁设计让孩子孝顺的种种措施，万般方法之中，知名度最高的当属"棍棒底下出孝子"。我想让你日后对我好的最有效的方法就是在你小时候往死里打你，一个悖论的经典案例。

孩子身上的模仿能力极其强大，强大到足以让奥斯卡影帝影后汗颜。家长对孩子最好的教育是身教。家长使用棍棒"教育"孩子，使得孩子从小就对暴力产生崇拜心理。研究表明，从小经常挨打的孩子，成年后有暴力倾向的概率大大高于其他孩子。其中的道理，就是孩子模仿父母的暴力行为，父母成为孩子崇尚暴力的启蒙老师。棍棒打不出孩子身上的爱心，棍棒只能在孩子身上播下仇恨和屈辱的种子。一个使用棍棒殴打自己的未成年亲骨肉的家长，他的晚年由逆子造孽的可能性很大。投之以棍，报之以恨。更可怕的是，您使用棍棒调教出一个擅用棍棒者，他将使用武力奉为解决问题的最佳方式，在其成年后的为人处事中，频频使用武力，恃强凌弱，祸害社会和他人。棍棒底下不光出逆子，还会出傻子。因为动武是无能的表现。

在对待孩子上，我们不如动物。很少听说动物打骂孩子，更没见过老动物要求小动物长大后孝顺父母。一边是对后代使用棍棒反倒要求后代仇将恩报孝顺，一边是不打不骂反而不要求后代孝顺。早听说有仿生学，只是感觉仿偏了，好的不学，光学人家的雷达和声纳，用于互相杀戮的战争。希望我们的仿生学多学学两代动物之间的关系：生你是生理需要，养你不图回报。有了这颗平常心，棍棒就没有用武之地了。

昨天还有家长问我如何对付幼儿园欺凌，这位家长说，自己的孩子在幼儿园经常受到一个孩子的欺负。我小时候经常被同龄人欺凌，至今我的脸上还有挨打留下的伤疤。这样的经历，让我知道什么是屈辱。这样的经历还让我提醒自己尽力避免屈辱。避免屈辱的办法是通过努力增强实力。

前几年我参加发小的聚会，我发现小时候的小霸王长大后很少有出人头地的。我的体会是，要想争口气，先要咽下这口气。其实，童年被人欺负是一笔财富，练就忍辱负重的强大内心，之后努力奋斗增强实力。

上个世纪八十年代，我到江西参加一个作家笔会。有个大学教授在会上说，咱们这里有个工人不知天高地厚，竟然一个人写一本期刊，古往今来文学史上从来没人这样做过，这会成为文学史上的笑话。

我能一个人写《童话大王》月刊三十三年，发行两亿多册，其实和这个人也有关系。这个人的名字一直被我贴在我的写字台前方，用于激励我。每当我疏于勤奋时，只要看一眼这个名字，立刻猛醒。我写作了两千万字，不抽烟甚至很少喝茶，全靠这个名字提神。

我在我的作品《翼展》里有一句话：最好的报复是让冤家看到你活得越来越好。

第 *30* 课

千方百计留住孩子的童心

我接触过一些真正意义上的成功人士。我发现他们有一个共同点，就是都像孩子。不管他们多大岁数。换句话说，他们都有童心。

我的孙女过一岁生日时，我送给她的生日礼物是四个字：童心万岁。

人有两种年龄：生理年龄和心理年龄。

作为监护人，我认为对于学龄前孩子的生理年龄，我们就让孩子按部就班走。而对于孩子的心理年龄，最好让他原地踏步停滞不前。换一个说法，留住孩子的童心。

在之前的课里我说过，前些年，比尔·盖茨的爸爸老盖茨写了一本书，谈他是怎么教育比尔·盖茨的。这本书出版中文版时，我受邀写序言。比尔·盖茨的爸爸在书中说了一句话，他说作为父母，如果能将孩子的好奇心保留到四十岁，您就能给成功人士当爹娘了。老盖茨所说的好奇心，其实就是童心。我认为童心包括好奇心和想象力。

我前些年测过我的心理年龄，我的心理年龄是六岁。我能一个人写《童话大王》月刊三十三年，我认为和我的心理年龄有很大关系。

前些年有一天，我写作写累了，在家里走一走。我路过厨房时，看见厨房的地上有个盛满水的盆，盆里有三条活鱼。我知道这是准备食用的鱼。

我突然发现其中一条鱼与众不同，我就叫家人。

家人问怎么了。我指着盆里的鱼告诉家人，其中一条鱼是龙王的女儿。家人说，知道了，龙王的女儿不能吃，放生还给龙王对吧？我说是的。家人说他们去放生，让我去写作。

我回到书房，刚准备写作，我一想，还有个规格的问题，如果是龙王的外甥女，家人去放生就行了。龙王的女儿，应该由我亲自放生才符合礼仪。于是我暂停写作，亲自将龙王的女儿送回到一条河里。

各位现在是不是认为测定我的心理年龄是六岁的机构有点儿保守了？我觉得我的心理年龄应该是五岁。正由于我的心理年龄小，才使得我每天都有源源不断的灵感出现，使得我有写不完的故事。

童心不是童话作家的专利，不管从事什么工作，有童心能导致您进行创新。

作为监护人，应该想方设法留住孩子的童心。千万不要对孩子说这样的话：你都多大了，还提这么幼稚的问题，还说这么幼稚的话。

我历来认为"你幼稚"这句话不是贬义词，而是最高级别的赞美话。

一次我带着三岁的孙女乘坐地铁，我抱着孙女乘坐滚梯时，看见滚梯旁的墙上挂着几幅画，画上还配有古诗。我看见其中一幅画画着山水，山上有条小路，一个樵夫背着柴火走在山路上，樵夫身边有一条狗。

我告诉孙女，画上这条狗可能是咱们家狗的祖先，爷爷的爷爷的爷爷。孙女说，你怎么看出来的？我说，画上这条狗的耳朵和咱们家狗的耳朵很像。

孙女说，真的？

这时滚梯将我和孙女带离了那幅画。我抱着孙女专门返回那幅画再看。

然后我问孙女，咱们怎么才能仔细求证这幅画上的狗是不是咱们家狗的祖先呢？孙女说拍照。于是我抱着孙女再次乘坐滚梯经过那幅画，我拍照。

之后我带着孙女到一家图片社将这幅照片制作成密度板镜框，挂在家里，我俩天天研究画上的狗。我用这样的方式留住孙女的童心，让孙女的心理年龄原地踏步。

还有一次，我和孙女在床上玩。孙女说，如果床会走路就好了，这样咱们去国外旅游时坐在床上就出国了。我就顺着孙女的思路描述坐在床上出国旅游的场面，比如遇到交警怎么办，比如遇到下暴雨怎么办。下个月，我的新书《会走路的床》出版。孙女看到她的一句话导致一本书问世，就会在潜意识里认识到童心有价值。

六十年来，每年圣诞节前，美国北美防空司令部会安排数百名工作人员接孩子们的电话，向孩子们报告雷达监测到圣诞老人已经到了哪个空域，甚至派战斗机升空为圣诞老人护航。当时的美国总统奥巴马的夫人米歇尔也去北美防空司令部接过孩子们打来的询问圣诞老人行踪的电话。我认为，这样的举动，对于保留孩子的童心、让孩子的心理年龄停滞不前有益。

让孩子成为小大人，真的不利于孩子成年后进行创新劳动。童心是创新的力量。

相信很多家长和我一样没完没了地想一个问题，这个问题就是：自有第一位人类成员到现在，地球上所有活过的人的数量是天文数字，可是为什么能推动人类历史前进的大师级人物寥若晨星？他们和我们这些普通人到底有什么区别？科学家将爱因斯坦的大脑保存、研究到现在，他们没有发现爱因斯坦的大脑和一个清洁工的大脑有本质的区别。那么，爱因斯坦们靠什么比我们技高一筹？答案是，他们通过保留童心拥有丰富的想象力，其他人没有。

最有童心的人，是学龄前儿童。所有孩子都是有童心的想象力大师。

一位著名科学家说过：推理力薄弱的人，想象力丰富。孩子没有科学知识，当他们观察一个事物时，由于不具有该事物的科学知识，只能依靠想象来解释这个事物。打个比方，孩子没有关于手机的科学知识，他们会依靠想象解释手机：手机是母鸡妈妈生的手机蛋。随着上学和知识摄入量的增多，孩子知道了手机是怎么诞生的科学知识，从此，他头脑中有关手机是母鸡下的手机蛋的想象就消失了。随着知识的增多，想象力越来越少。这是一个捡了芝麻丢了西瓜性质的事，因为相对于手机的科学知识，手机蛋的想象更重要。没有童心和想象力的人，终身无法从事创造性劳动，只能一辈子重复前人的知识，给前人打工。爱因斯坦们和我们的区别就在于，他们在获得手机的科学知识的同时，依然顽固地认为手机是母鸡下的手机蛋。这样的人极少，所以大师少。

依靠童心和想象力解释事物，通常会被认为是无知。比如认为手机是母鸡下的手机蛋，有多少人会认为这不是无知？这种"无知"，其实是力量，童心是创新的力量。童心是当之无愧的财富之源。

最近一位家长问我，他的学龄前孩子总是说驴唇不对马嘴的话，她该怎么办。我认为，驴唇不对马嘴是天才的特征。驴唇只能对驴唇，马嘴只能对马嘴，循规蹈矩，不敢越雷池半步。以上都是庸人的显著标志。

没有一个天才级人物不是驴唇对马嘴的高手。打破常规，将两个表面看完全没有内在联系的事物牛不喝水强按头地联姻，往往能诞生出人意料的果实。

世界上有三种规矩，一种是法律，一种是道德，还有一种是我们对世界的看法。前两种规矩我们必须"逆来顺受"地老老实实遵守，这是我们得以在世界上安身立命的基础。而后一种规矩，你可以遵守，也可以不遵守，这就看你想成为什么样的人了。如果你的志向就是让孩子做一个普通人，那你就务必要训练孩子按照常规看世界，将孩子的目光和前人以及现在的大多数人的目光聚焦在一起，马嘴只能对马嘴，驴唇只能对驴唇，世界和你的人生道路一样，永远因循守旧，一成不变。倘若你想让孩子成为成功人士甚至推动历史前进的大师级人物，你就不能再按常规出牌，你就要训练孩子将目光离开大家都注视的区域，去看没人注意的地方，那里遍地是真理和黄金。

表面看风马牛不相及势不两立的马嘴和驴唇，一旦对接，将碰撞出前所未有的态势。信奉驴唇不可以对马嘴的人的脑细胞处于近亲繁殖状态，思维越来越僵化，每况愈下。敢于将完全不搭界的两种事物焊接在一起，将苹果这个驴唇和万有引力这个马嘴联系在一起，就能创造历史，推动人类前行。

表面看毫无关联的事物，骨子里却有千丝万缕的联系。表面看珠联璧合的事物，骨子里同床异梦。

还有家长问我怎样避免对孩子的溺爱。我认为，只对孩子一个人好，就是溺爱。在对孩子好的同时，当着孩子对家庭的其他成员比如爷爷奶奶一样好，对家庭成员之外的人比如邻居也一样好，这就不是溺爱，而是博爱。

被溺爱大的孩子没有格局，鼠目寸光。被博爱大的孩子宽容、雍容、光荣。

第四单元

我是如何
将女儿培养成学霸的

第 *31* 课

我的女儿为什么真心喜欢上学

我女儿郑亚飞 2017 年在北京的一所学校高三毕业时，成绩是全年级第一名。她被美国六所名牌大学同时录取。女儿在高中阶段成绩优异，在高二年级时是全年级唯一的奖学金获得者，在高三是全年级唯一的全额奖学金获得者。奖学金金额累积达三十六万元人民币。她是学校学生会负责人，还是学校排球队队员，是学校每年戏剧表演的参加者。女儿还在学校创建了影视拍摄爱好者社团，学校的很多重大活动由她拍摄剪辑记录。

我从女儿上小学一年级开始为她写教育日记，每天都记录，一直写到女儿高三毕业典礼那天。这个教育日记超过了一百万字。《郑渊洁家庭教育课》第四单元依托我为女儿写的教育日记，和大家分享我是怎样将女儿培养成在学校学习的学霸的。在本单元，我从女儿出生说起，用十节课，一直说到她高三毕业。之所以要强调是在学校学习的学霸，是因为我在《郑渊洁家庭教育课》第二单元第 13 课说过学霸有两种，其中一种是自学的学霸，像我可能就属于自学的学霸。

我认为，想让孩子成为在学校学习的学霸，首先要让孩子真心喜欢上学。

孩子是不是真心喜欢上学，就看一个标志：在寒暑假期间，如果孩子天天掰着手指头期盼开学，就证明您的孩子是真心喜欢上学。这样的孩子，容易成为学霸。我们都知道，任何人对于喜欢的事情，或者说感兴趣的事情，就能做好。人们从事感兴趣和喜欢的事情，事半功倍。

我的女儿为什么能成为学霸，我在为女儿记的教育日记里对此进行了充分的分析，我认为首先得益于女儿真心喜欢上学。从上小学一年级起直到高三毕业的十二年间，每个寒暑假，女儿都掰着手指头期盼开学。

如此喜欢上学的孩子，不成为学霸，我认为是很难的事。给大家念一段我在2009年1月20日的日记，当时女儿上小学四年级。这段话是这样写的："寒假放假没几天，女儿整天嘟囔什么时候开学呀。我不知道中国有多少像她这样喜欢上学的孩子。虽然在我的硬性要求下，女儿的考试成绩目前在班上位于中下游，但我清楚，女儿在高三毕业时学习成绩肯定能名列前茅。"

李白有句诗"蜀道之难难于上青天"，我借用一下，改为"真心喜欢上学的孩子不成为学霸之难，难于上青天。"

我认为，孩子在小学和初中的考试成绩不重要，重要的是高三时的考试成绩，一定要全年级前三名。

我想，可能有很多家长想让自己的孩子成为真心喜欢上学的学生，但是如愿以偿的家长数量大概不是很多。

我是怎么做到让我的女儿成为真心喜欢上学的孩子的呢？我在《郑渊洁家庭教育课》第一单元第1课里说了，孩子有三个显著特点，其中之一是逆反心理。逆反心理是孩子的一大优点，是孩子从妈妈肚子里带出来的与生俱来的蔑视权威和权威唱反调的优点。你让我往东，我偏往西。作为监护人，在教育孩子时，如果能巧妙借用孩子的逆反心理，效果会好。

我在我为女儿写的教育日记里分析过，我是如何做到让女儿真心喜欢上学的，我认为是逆反心理的作用。而且我不是有意借用孩子的逆反心理，而是属于歪打正着。

当年我将儿子从学校领回家自己教时，心里还有些打鼓，当我看到儿子在家学了我专门为他编写的十部故事体家庭教材效果不错后，我的心里就有底了。我的女儿出生时，我就想，这四百万字的家庭教材只给儿子一个人学，也挺奢侈的，不如继续拿这十部家庭教材在家教女儿。

因此，我女儿出生后，我对她说的最多的话就是咱们不用上学，我在家里教你。没想到女儿的逆反心理起作用了，由于监护人天天跟她说不用上学，她由此成为了可能是中国最无限向往和憧憬上学的孩子。女儿从小玩的游戏都是模拟上学的情景游戏，或是她当老师给我讲课，或是我当老师给她监考，反正全是清一色的上学游戏。

这是我始料未及的。之后我就分析，得出的结论是我忽视了孩子的逆反心理。如果我希望女儿在家上学，我应该采用的正确方法是天天给她讲上学的事，并且说如果上学后学习成绩不好长大就没出息等等等等，如此，女儿应该会愿意在家里上学。我犯了一个很多家长在教育孩子时都会犯的错误，忽视了孩子的逆反心理。

当我意识到犯了错误时，已经来不及了。因为女儿已经三岁了。之前我说过，"三岁看大"这句话相当富含真理。无限向往上学的欲望在我女儿三岁之前已经根深蒂固地植入她全身的每一个细胞中，我试图拨乱反正，但是以失败告终。我再次深切体会到"三岁看大"这句话是千真万确的。所以，

在教育孩子时，巧妙借用孩子的逆反心理，或者借用

三十六计中的第六计"声东击西"，效果很好。

——郑渊洁

爸爸妈妈爷爷奶奶姥姥姥爷们切记，对三岁之前的孩子，万万不可掉以轻心，和孩子相处时，您说的每句话做的每一件事都要慎之又慎三思而后行。

万般无奈之后，我只有顺水推舟一条路可走了。我想，既然女儿在三岁前由于爸爸郑渊洁的失误成为了全中国最向往上学的孩子，我只好将错就错将女儿培养成在学校学习的学霸。因为我认为，要么不上学，既然上学，就要当超级学霸。要当第一。

我清楚孩子上学不是跑百米赛，而是马拉松，读大学之前要读十二年，标准的马拉松。马拉松的全部意义是夺冠，这个夺冠肯定是指终点拿第一，而不是每个阶段的第一。由此我认为小学和初中阶段的考试成绩不重要，重要的是高三毕业时的成绩。因此我这个"第一"不是指小学和初中，而是特指高三毕业成绩。

我最担心的是女儿不能在这十二年中永远保持无限向往上学的心态，如果没有了真心喜欢上学，就算成为学霸，也是内心痛苦身不由己度日如年的学霸，是给父母当的学霸，这样的学霸，还不如不当。当学霸，就要给自己当的学霸，快乐的学霸，愉悦的学霸。

如何能让女儿在这漫长的十二年之中随时保持喜欢上学的心态呢？这次我知道怎么借用逆反心理了。在这十二年中，我几乎每天都会对女儿说，如果你不喜欢上学了，你随时回家，随时不上学，我在家教你。

如此，我女儿在十二年间天天保持了无限喜欢上学的状态。对于真心喜欢上学的孩子，刚才说了，想不成为学霸，难于上青天。

在教育孩子时，巧妙借用孩子的逆反心理，或者借用三十六计中的第六计"声东击西"，效果很好。

第 *32* 课

需要给老师送礼吗

我之前在《郑渊洁家庭教育课》开学典礼的演讲时说了，孩子的学习成绩好坏，和孩子没有关系，和老师的关系最大。为什么这么说呢？孩子的某门课成绩不好，主要原因是教这门课的老师不欣赏您的孩子，没有在课堂上当众鼓励您的孩子。

我认为，老师对学生的态度，直接决定这位学生这门课的成绩。老师不可能同等喜欢和欣赏所有学生，这就像任何人都不可能同等喜欢和欣赏身边的所有人一样。作为家长，大都希望老师欣赏和喜欢自己的孩子，家长知道如果老师欣赏自己的孩子，有利于孩子的学习成绩以及自尊和自信的建立。

问题来了，班上不是一个孩子，甚至不止三十位孩子，作为家长，使用什么方法和老师沟通才能让老师欣赏自己的孩子呢？这其实是一个无形的竞技场，同班的家长们在这个竞技场上展开竞争。

有家长认为向老师送礼效果最直接最好。

我认识很多老师，从重点学校的全国特级教师到普通学校的普通教师，其中很多老师和我成为无话不谈的朋友。我多次和他们探讨过喜欢什么样的学生的问题，以及为什么会喜欢这个学生。还有就是怎么看待学生家长给老师送礼。

大多数老师告诉我，遇到家长给老师送礼，老师在内心会瞧不起送礼的家长，也不会真心对送礼的家长的孩子好。

这是什么道理呢？我们仔细想想。当老师意识到对某个学生好是物质交换来的时，这种好就是临时的，有保质期的，老师在心里会计算这种交换的性价比。

一位老师形象地告诉我，她收了家长的礼物后，她在心里就像玩游戏时的血不断减少那样，计算对这个家长的孩子好的期限。老师一旦意识到对某个学生的好是可以换来经济效益时，这种好绝对是虚假的。

人和人之间的交往，再笨的人也能感觉出对方是真情实意还是虚情假意，包括孩子。包括老师和学生相处。

用钱换取的好是假好假欣赏，假好假欣赏毁人。特别是毁身心成长阶段的孩子。

什么是假好假欣赏？有的官员在位时，下属众星拱月般欣赏他对他好。一旦退休或落难，下属立刻变脸。这就是假好。

应该没有家长会希望自己的孩子在参加工作之前从小体验虚情假意的好，但是您给老师送礼，就会让孩子从小生活在虚情假意之中。

送礼还有一个弊病，老师是会更换的。假设一个老师收了不止一个家长的同等价值的礼物，她不可能对多位送礼家长的孩子同等好，更换老师后，您如何保证新来的老师继续延续前任对您的孩子好的程度？孩子一旦感受到落差，感受到失宠，也是伤害。

更严重的是，有的孩子如果知道家长给老师送礼了，那就真的是毁了孩子，孩子意识到可以不通过自己的努力获取"成果"，可以通过非正常手段和他人竞争，这样的种子种在孩子心里，会在孩子的人生路上结出什么样的恶果，不言而喻。

从法律角度，家长向老师送礼的价值达到五千元人民币，就触犯了《刑法》第三百九十条，涉嫌行贿罪，刑期是五年以下。您会说，我只送四千九百元，不犯法。对于您，是打了法律的擦边球，可是对于收礼的老师，如果他收了多位家长的礼，累计达到五千元人民币，就触犯了《刑法》第一百六十三条，犯了涉嫌非国家工作人员受贿罪。老师收礼达到五千元，即可判刑五年以下。

2010 年 4 月 13 日《宁夏日报》报道，宁夏教师文某，受贿八万八千元被判刑三年。

还有一个案例，2009 年 9 月，深圳教师官某华受贿二十七万元被判十年零六个月。

家长通过给老师送礼，换取老师对孩子好，是错误的方法甚至是违法行为。有百害而无一利。我们再来看看给老师送礼换来的是什么：一、老师内心瞧不起您，清楚对您的孩子好是有价交换行为；二、老师收礼后对您的孩子好是虚情假意，孩子肯定能感受到，孩子在虚情假意的环境中成长；三、孩子知道父母给老师送礼，形成错误的价值观；四、给老师送礼可能将老师送进监狱。

我的女儿高三毕业时全年级成绩第一，我在女儿上学的十二年间，从未给老师送过一分钱的礼。女儿只是在小学时给老师制作过贺卡。我甚至和女

图 / 郑渊洁和非洲的孩子们在一起

让孩子担任家长和老师之间唯一的联系通道，

使得孩子有尊严、享受信任。

——郑渊洁

儿的所有老师都没见过面（除了一个老师外）。在这十二年中，几乎所有老师都欣赏我的女儿。

我是怎么做到的呢？在之前的课里我说过，我和女儿的老师沟通，不需要见面，也不要电话和微信，也不是量子通信。那么，我是使用什么方式和老师沟通呢？

之前的课中我说过，我不赞成学龄前儿童上幼儿园。我的孩子几乎都没上过幼儿园。女儿五岁时，有一天她问我，世界上有妖怪吗？我说当然有。女儿说，她想让我带她去看妖怪。

我就将女儿带到一座幼儿园的围墙外边，我指着围墙里的幼儿园老师说，那就是妖怪。结果我女儿说，她想和妖怪玩。我这才知道说错了话。我想起女儿最喜欢的玩具除了学习用具就是和妖怪有关的，什么骷髅啊，什么万圣节的怪物啊，等等。我不知道还有没有也喜欢妖怪玩具的孩子，反正我的女儿小时候特别喜欢妖怪。

我认为，这是我在女儿成长过程中的第二次失误。如果称之为失误的话。

第一次是我从女儿出生后就对她说你不用去学校上学。我在女儿还不会说话时，我哄她睡觉时唱的原创催眠曲的歌词是："小宝宝啊，小宝宝，你快点儿睡大觉。一觉睡醒长大了，咱们不用去学校。"

结果女儿逆反了，成为全中国最喜欢上学的孩子，我曾经在作品里写过一句话：看一个国家有没有前途，就看这个国家的孩子是不是真心喜欢上学。我的女儿是真心喜欢上学。

第二次失误，我忽视了女儿喜欢妖怪。当她问我世界上有没有妖怪时，我竟然告诉她老师就是妖怪。从此，我的女儿真心喜欢她遇到的所有老师，有一个除外。她在上中小学期间遇到近百位老师，只有一个老师她不喜欢，其他老师她都是真心喜欢。这样的概率，应该绝对超出了我们的合格老师与不合格老师的比例。

可以说，我的女儿真心喜欢她遇到的所有老师。我和女儿探讨过这个问题。我问女儿，你喜欢的老师中，真的没有不可理喻的老师？

女儿告诉我，你不是从小告诉我老师是妖怪吗？好妖怪的标准是什么？越是不可理喻，越是好妖怪呀。

我恍然大悟，人和妖怪的标准不一样。好人的标准是通情达理，好妖怪的标准是不可理喻。

我在女儿童年的一句戏言，让女儿从此真心喜欢和欣赏她遇到的几乎所有老师。我们知道，人和人之间的欣赏和喜欢就像物理学上的作用力和反作用力，就像您使多大劲儿将一个乒乓球往墙上扔，那乒乓球就会用同等的力反弹回来。老师都不傻，他们能清楚看出哪个学生是真心欣赏他，当老师看出哪位学生真心欣赏他时，绝对会以同等的欣赏还给学生。

由此，我的女儿在她读中小学的十二年中，几乎所有老师都真心欣赏她。如此，她也就喜欢上所有老师的所有课程。这样的状态，学习成绩能不好吗？

我问过女儿，既然越是不可理喻的妖怪越是好妖怪，那为什么在你十二年的中小学学校生涯中，有一个小学老师你不能接受呢？女儿说，那个老师动手打学生。女儿说，打学生的老师不是妖怪，是恶魔。女儿说她绝对不和恶魔打交道。她说她只喜欢妖怪，不喜欢恶魔。她说对学生动手的老师是恶魔。

回到刚才的给老师送礼的话题，您给老师送礼了，您能保证您的孩子真心喜欢和欣赏老师吗？老师不傻，您的孩子是不是真心欣赏他，老师一目了然。面对不真心欣赏老师的学生，老师也会"投桃报李"。

作为家长，您给老师送礼会导致两个瞧不起。老师瞧不起您，您的孩子瞧不起老师。最终的结果是赔了夫人又折兵，或者叫偷鸡不成蚀把米。

在这节课即将下课时，我说说我是通过什么方法和老师不见面就沟通的。

我作为家长，借用了情报人员的单线联系方式和老师沟通。这个"单线"，就是孩子。我认为，家长和老师联系的最佳方式，是通过孩子联系，孩子是家长和老师联系唯一的桥梁，唯一的通道。家长或者老师绕过孩子互相联系，我认为是教育的失败。不合格的老师或者家长才会采用背着孩子联系的方式。

让孩子担任家长和老师之间唯一的联系通道，使得孩子有尊严、享受信任。学霸都是被信任大的。来自老师或者家长的不信任是导致孩子学习成绩差或者下降的主要原因之一。

想让孩子成为学霸？我的体会是，作为家长，首先做到信孩子。

第33课

超越的秘诀是先落后

上一节课结束后，有教师在我的微博给我留言，说是她身边的大多数教师都在拒绝家长送礼。这位给我留言的教师还说，现在教委隔三差五对教师进行培训，其中一项内容就是让所有教师知道收学生家长送的礼物价值累计超过五千元就触犯了《中华人民共和国刑法》第一百六十三条，犯了非国家工作人员受贿罪，会坐牢。她说，现在几乎没有累计收取学生家长送礼超过五千元的教师，因为哪个老师也不想坐牢。我认为这位老师对我说的是实情，我相信如今很少有老师收家长送礼累计超过五千元，毕竟这是触犯《刑法》，五千元就达到了《刑法》第一百六十三条的追诉标准。道理很简单，为人师表者，不可能一边教书育人，一边触犯《刑法》。这样的反差，相信绝大多数教师的良心无法承受。

还有家长听了上节课对我说，教师是不收礼了，但改为上课不讲，要学生去补习班听课，而听课是收费的。我觉得这应该是个别现象吧？教育部等四部委这两天发布了《关于切实减轻中小学生课外负担，开展校外培训机构专项治理行动的通知》，其中第六条规定，坚决查处一些中小学不遵守教学计划，"非零起点教学"等行为，坚决查处中小学教师课上不讲，课后到校外培训机构讲，并诱导或逼迫学生参加校外培训机构补习班的行为。此种情况一经查实，将依法依规严肃处理相关老师，甚至取消其教师资格。举报电话是 010 - 66092315。

现在说说我的女儿的学龄前时期是如何度过的。之前的课里说过，三岁看大，学龄前时期的家庭教育对于孩子相当重要。

由于我在女儿出生后反复对她说你不用去学校上学，甚至连我为女儿原创的催眠曲都有"咱们不用去学校"的歌词。结果我的女儿逆反并由此成为最向往去学校上学的孩子。当我意识到此事已成定局后，我决定将女儿培养成为学霸，我是这样想的，既然去学校上学，就要当第一。

我做事的方法是不随波逐流，我喜欢的一句话是独辟蹊径。我认为家庭教育也应该使用这个方法。我还认为，一些人成功了，是方法正确。一些人失败了，是方法的失败。在第 36 课我会专门谈我是怎么培养女儿找到正确的学习方法的。掌握了正确的学习方法，知识就成为你的囊中之物，取之不尽用之不竭，听你指挥。换句话说，学习成绩听你指挥。方法不正确，你就成为知识的囊中之物，任凭知识牵着鼻子走。

刚才说了，我准备做一件事之前，先找做这件事最正确的方法。在女儿的强烈要求下，我开始做送女儿去学校上学的准备工作。目标定了，要当第一。问题来了，当什么时候的第一？

我分析后得出结论，孩子上学的本质是参加一场竞赛。但是这个竞赛不是短跑，而是马拉松，上大学之前要上十二年学，超级马拉松。我为此写了一篇《请让孩子输在起跑线上》的文章，这篇文章流传甚广。我认为，对于马拉松比赛，赢得终点的冠军是真冠军，拿了各个阶段的冠军不是真正意义上的冠军。

由此我决定，将女儿到学校学习的目标锁定在高三毕业的成绩，要拿全年级第一。至于之前各年级的成绩，不重要。不但不重要，甚至要刻意落后，将主要精力放在考试成绩之外的地方。

我分析了我的人生奋斗历程，找出了两个最让我感到激动的字，这两个字就是"超越"。我的奋斗历程就是超越的历程。

我二十二岁开始写作时，我的学历是小学四年级，身份是工厂看水泵的毫无技术含量的工人，我站在人生起跑线上时，处于绝对落后的位置。我的写作过程，就是追赶的过程。

追赶让人惶恐，让人不敢懈怠，让人知耻而后勇，让人发奋，让人激动，让人只往前看不往后看，因为竞争对手全在前面，而身后空无一人。

我切身感受到一个真理，起码我认为是真理，这个真理就是：超越的秘诀是先落后。

我研究了马拉松比赛，我发现大多数最终的冠军在比赛的前半程不是领跑者而是跟跑者。跟跑的优势是保存实力没有压力只往前看不往后看，领跑的弊病是为他人树立标杆为他人劈开空气阻力只往后看不往前看直至为他人作嫁衣裳。

我们都知道龟兔赛跑的故事。如果我们认可孩子在读大学之前上的十二年学是马拉松赛，您是愿意让自己的孩子作为乌龟参赛还是作为兔子参赛？我倾向乌龟。

我在为女儿制订上学的计划时，我在为女儿写的教育日记里出现了这样的词汇：将欲取之，必先与之。欲速则不达。

我还在日记里多次写了这样的文字：马拉松冠军的本事就是追赶，然后超越。超越的秘诀是先落后，没有落后就没有超越。不要领跑，要跟跑，然后超越。领跑的结果大都是为他人作嫁衣裳。

我为女儿制定的方针是：小学保持跟跑状态，练习追功，就是追赶的功夫。初二开始发力。高一开始超越，高二领跑，高三夺冠。

问题来了，我如何做到让女儿在小学一年级一入学就在班上处于跟跑状态呢？

答案只有一个：在孩子入学前坚决不学任何上小学一年级才应该学的知识和课程。要想做到这一点，并不容易。首先在家里要告诫所有家人包括爷爷奶奶姥姥姥爷以及七大姑八大姨，谁也不能当着孩子泄露一年级才应该知道的知识，比如十以上的数数，比如一加一等于二。其次，孩子不能上幼儿园，幼儿园很可能违反教育部的规定提前教孩子小学一年级的课程。

我还记得我带女儿到小学入学报名时，老师问我女儿三加三等于几，女儿摇头。那老师诧异地看我。我更诧异地看老师，然后问老师：你们学校不教三加三等于几？刚才说了，教育部严查小学"非零起点教学"，我理解零起点教学就是老师告诉学生零加零等于零。

我的女儿在上小学前没有接触过任何古诗，一句英语不会，只知道一到十的数字，之后就不知道了。除了自己的名字，不认识任何字。我的女儿以这样的水平进入小学，一上学我的女儿学习成绩就是全班倒数第一名。由此她开始苦练追赶的功夫。十二年后，我的女儿高三毕业时华丽转身完成弯道超车，成绩全年级第一，获得三十六万元奖学金，被美国六所名牌大学同时录取。

我还记得女儿五岁时，一天我带她在楼下玩，另外一位同龄女孩儿和我女儿一起玩。我和那位女孩儿的妈妈站在旁边监护。那位女孩儿吃完糖将包装纸扔在地上，我女儿将那包装纸捡起扔进身边的垃圾桶。过了一会儿，那女孩儿问我女儿知道三加三等于几吗？我女儿摇头。女孩儿的妈妈惊讶地问我，她真的不知道？我说她现在不需要知道这个。女孩儿的妈妈问我她现在需要知道什么？我说需要知道不随手乱扔垃圾。

在女儿的强烈要求下，我的女儿上过两个月幼儿园，每天只去两个小时，避开上课时间，只参加玩游戏。不在幼儿园吃饭。我认为学龄前儿童正处于长身体的关键时期，幼儿园的饭可能对孩子长身体不利。我之所以同意女儿上两个月的幼儿园，目的一是体验，女儿长大后和小伙伴聊天时如果涉及幼儿园时她一无所知，不利于聊天继续。二是培养女儿从幼儿园回家后将在幼儿园的所有经历都告诉监护人的好习惯。上节课我说了，我和老师的沟通都是通过女儿单线联系，要让女儿胜任这个角色，需要从小培养女儿回家后把她在幼儿园和学校的一切经历都告诉家长的习惯。

通过女儿上两个月的幼儿园，我的这个计划完成了。女儿直到高三，在学校的所有经历，下午回家都会向监护人娓娓道来。没有这个信息来源，我怎么可能写出一百多万字的女儿学校教育日记？

上节课我说了，女儿问我世界上有没有妖怪，我就带女儿去幼儿园围墙外看妖怪。一位王老师听了上节课后给我留言，她认为把老师说成是妖怪会导致家长和学校的矛盾更加紧张。大家认为呢？我想说，世界上有一种东西叫幽默，将幽默引入家庭教育，能收到意想不到的效果。有格局的人听到将老师形容为妖怪，都知道这是父亲和女儿开的充满善意的玩笑。我在家里，说的最多的形容自己的话是"我是脑子进水最多的人。"

另一位老师给王老师留言的回复是这样说的：我家一家都是教书的，我的朋友也都是老师。他们也听郑老师的课。我怎么看郑老师把老师说成是"妖怪"这事只觉得有趣？看了这位老师的留言，我吓了一跳，心说我莫不是冥顽不灵吧？赶紧去问朋友们，他们对郑老师的说法怎么想。他们哈哈大笑，跟我说，你想那么多干吗，还不赶紧备课？

这件事让我想起我的一个经历：有次我参加一个作家笔会。作家们大谈自己看过什么书。其中一个说完某位俄罗斯作家的书后，问我：郑渊洁，你看过吗？

我摇头。她大惊：连他的书都没看过，你怎么写作？

轮到我发言时，我说：我最近在看"库斯卡雅"的书，特受启发，你们看过吗？

百分之七十的人点头。我说这名字是我瞎编的……从此我再没参加过作家笔会。

我认为，刚才那位给第二位老师回复的朋友如果参加当年那次作家笔会，肯定在我说完库斯卡雅后，不会点头。

去年 8 月 18 日我应邀到莫斯科演讲。我在演讲中还为此向俄罗斯人民道歉。

我索性再拖一次堂，这节课已经大大超时了。现在我给大家朗诵我在莫斯科演讲片段。下面是 2017 年 9 月 18 日我应邀在莫斯科的演讲片段，题目是《道歉和感谢》：

这是我第一次到俄罗斯。由于时间关系，我只能在俄罗斯待一天。我下飞机后直接到会场，演讲结束后差不多马上去机场回国。因为我要陪同八十多岁的父母乘游轮出国旅游。

昨天我从北京乘飞机来俄罗斯时，担心航班晚点继而耽误演讲。我登机后，巡视机舱一番，我就判定这次航班只会提前到达，不会晚点，因为乘客大都是瘦人。我的乘机经验告诉我，乘客中瘦人居多，飞机就会提前到达。反之则相反。

我这次来俄罗斯，要做两件事：道歉和感谢。

先道歉：

上个世纪八十年代中叶，我在中国参加一次笔会。会上，一个写作者发言。发言时，他大谈自己读了多少多少书。他在说完一本外国作家的书后，突然问我，郑渊洁你读过这本书吗？我说没有。他说没读过这本书你怎么能写作呢？当时我十分尴尬。

其实我觉得，世界上没有哪本书是必须所有人都阅读的。大家的遗传基因、后天的成长环境毕竟不一样。

轮到我发言时，我说我最近在读俄罗斯作家库斯卡雅的书。我问大家看过库斯卡雅的书没有？在座的大多数写作者点头说看过。我说，"库斯卡雅"这个名字是我瞎编的，俄罗斯根本没有这位作家。

从那以后我就再没参加过笔会。

此事之后，我感觉对不住俄罗斯，心里一直想，如果我有机会去俄罗斯，我要向俄罗斯道歉。现在，请在座的俄罗斯朋友接受我的真诚道歉，我虚构过你们一位原本不存在的作家，更令人不能原谅我的是，我们的一些写作者竟然看过这位根本不存在的俄罗斯作家的作品。

我要感谢俄罗斯：

1970年，我和发小宋科锋一起服兵役，在空军航空兵部队维修歼六战机。由于歼六的原型是俄罗斯的米格－19战机，由此我第一次接触到了俄文。现在我还记得歼六战机上的瞄准具是用俄文标出的。用中文念叫德哥四。

后来我解甲归田后，开始文学创作，我让一只名叫舒克的小老鼠驾驶飞机，成为飞行员。

《舒克和贝塔》的图书总销售量已超过七千万册。舒克目前是中国最有名的会开飞机的小老鼠。舒克成为中国两代孩子的朋友。如果没有俄罗斯的米格－19战机，如果俄罗斯没有将米格－19战斗机签约销售给中国，我笔下的文学角色舒克不会成为飞机驾驶员。由此我要感谢俄罗斯。

这件事告诉我们，两个国家的合作成果不能光看账面上的数据。合作可能对两个国家产生广泛的影响，辐射到不同的领域。比如俄罗斯当年用米格－19支持中国，谁能想到多年后，中国诞生了一只名叫舒克的飞机驾驶员。他成为亿万孩子的朋友。

我的发小宋科锋后来成为中国驻俄罗斯大使馆武官，少将。

2011年7月10日，美国参谋长联席会议主席马伦上将访问中国，他在和我交流时说，咱俩年龄差不多，都当兵，但是你成为了作家。我说，当我意识到我成为不了将军，不能指挥真的战斗机进行空战时，我就改行当作家，指挥虚构的飞机参加空战，还让小老鼠成为飞行员。

　　我维修歼六战机时，负责照看歼六上的瞄准具、机关炮、弹射座椅、空对空导弹、照相枪和信号弹。给我留下深刻印象的是弹射座椅。

　　弹射座椅的作用是在飞机遇到无法排除的故障必须弃机时，将飞行员弹射出座舱，跳伞逃生。弹射座椅后面安装有一发炮弹。我服兵役时，部队通报发生过一起地勤人员在地面维修飞机时由于未插保险销，导致弹射座椅误发射，造成人员伤亡。自那时起，我就知道了椅子在给人带来舒适的同时，也有风险。

　　我认为人类的所有发明中，椅子对人类健康的危害较大。自从有了椅子，人类站立和蹲着的时间大大缩短。我感觉椅子给人类带来了最初的富贵病。"坐以待毙"这句中国成语，细想想，很有道理。我从六十岁开始瘦身，用七个月时间将体重超标的数十斤成功驱逐。其中一个办法就是尽量远离椅子。

　　我觉得我们在期盼航班正点的同时，也应该自己做点什么，比如减去超标的体重，为飞机减负。

　　丝绸之路是我们祖先走出来的，不是坐出来的。国家和国家之间不要坐着观望，应该抛弃椅子，合作和行动。国家和国家之间的合作与行动会创造美妙的故事，让我们的后代传诵和享用。

图／郑渊洁和美国参谋长联席会议主席马伦

世界上有一种东西叫幽默，将幽默引入家庭教育，

能收到意想不到的效果。

——郑渊洁

第*34*课

女儿上小学时我如何为她择校

想让自己的孩子上好的学校，应该是世界上所有家长的共同愿望。我的女儿小学入学时，我没有让女儿进入户口管片的小学，而是为女儿择校。

之前的课里我说了，由于我的失误，由于我从女儿出生起就反复对她说你不用上学，我在家里使用当年我为你哥哥编写的十部故事体家庭教材教你，结果逆反心理使得我女儿成为最无限向往上学的孩子。我想，既然女儿如此喜欢上学，她就具备了成为学习成绩极其优异的学生的条件，用今天的话说，就具备了成为学霸的条件。我们知道，喜欢一件事，就容易做好这件事。

我做任何事都会规划，我喜欢的一句话是"凡事预则立，不预则废"。我写得最多的文字其实不是童话，而是计划。我的计划大都写在便笺上。这样的便笺，已经有数百箱之多。

我开始计划将女儿送到学校学习的步骤。首先我决定从女儿上学开始为她写专项教育日记。我从十五岁开始写日记。为女儿写的教育日记不是我的常规日记，而是单独的教育日记，专门用来记录女儿上学的每一天经历。

上节课我说了，女儿上过两个月幼儿园，其中一个重要作用是培养女儿每天从幼儿园回到家里后主动将她在幼儿园的所有经历包括老师和她说了什么和大家说了什么老师之间说了什么以及做了什么告诉监护人。

让孩子养成这个好习惯非常重要。如果女儿没有这个好习惯，我为她写的教育日记不可能超过一百万字。更重要的是，孩子不可能胜任成为家长和老师沟通的唯一桥梁的工作。家长倘若绕过孩子直接和老师沟通，有可能陷入一面之词的信息不对称局面，因为家长和老师沟通的全部意义是孩子，而孩子内心的真实感受，只有孩子自己把握得最准确。由此看来，孩子是否将自己在学校的真实感受告诉家长，就成为至关重要的事。

我还记得女儿第一天从幼儿园回到家里，我是这样开始培养她回到家里和监护人娓娓道来她在幼儿园的所有经历的：

我去幼儿园接女儿，只在幼儿园待了两个小时的女儿显然没玩够，意犹未尽。我对女儿说，你可以带我也去幼儿园玩吗？女儿说幼儿园不让大人去吧？我说，你给我讲幼儿园的故事，就等于带我去上幼儿园了。

于是女儿开始讲她今天在幼儿园的经历。我通过发问导向女儿讲得更完整，比如老师说了什么，小朋友说了什么，老师安排小朋友做了什么等等。听完后我说太有意思了，你是讲故事的天才，我等于也去了幼儿园。

然后我又当着家人赞扬女儿特别会讲幼儿园的故事，我当着女儿给家人复述了一遍她给我讲的幼儿园的故事。我还故意遗漏一些内容，给女儿补充的机会。从此，女儿每天给我讲她在幼儿园的故事。

上学后，女儿依然这样给我讲她在学校的故事一直讲到高三毕业。女儿之所以能这么做，我认为是因为我一次也没出卖过她。十二年间，我没有一次在女儿给我讲述学校的故事之后，背着女儿和老师直接联系，对老师说，我觉得孩子这个想法不对，我希望您能帮助她改变。

只要出卖一次，孩子就再也不会信任你了。而不信任，会导致孩子对你三缄其口，不愿意和你说话。在孩子的成长过程中，如果孩子和监护人的话越来越少，是警钟。监护人需要立即做出调整。孩子不愿意和父母说话，是危险的事，证明父母不合格。

作为父亲，我最自豪和最有成就感的是，我的孩子自小到大，和我在一起时都是滔滔不绝，有说不完的话，包括现在已经三十五岁的儿子。已经六十三岁的我，现在和我的八十多岁的父母见面时，也是滔滔不绝有说不完的话。我认为，一个人声带的主要作用，是和父母和子女说话。如果一个人的声带主要用于和外人说话，是可悲的事。

既然我已经决定将女儿培养成为在学校学习的学霸，首次入学选择什么样的学校就成为至关重要的事。我分析了我和儿子的上学经历。我需要借鉴成功和失败的经验。

我在 1962 年上小学一年级时，我的爸爸想为我择校进入名校，但是名校拒绝了我。我只好上了住处管片的农村小学马甸小学。教室是破旧的庙宇，教室里还有几根柱子挡住坐在柱子后边的我的视线。每天上学路上学生还要捡马粪交给和学校共建的贫下中农。我认为这段经历对我重要，我知道了学校之间的差别，这就好比穷过的人往富有奋斗时更努力。

而我的儿子上小学时，我为他择校进入一所名校，这所名校不是儿子户口所在地的管片小学。儿子在这所名校的经历，大家已经知道了，那句臭名远扬的"你长大吃屎都接不上热的"的话就是出自这所名校老师之口。这所名校逼迫我将儿子接回家自己教。

分析了我和儿子的入学经历后，我决定为女儿择校。当时我们的住所位于北京市中心，四周名校林立，管片小学即为名校。我认为女儿在刚入学时上这样的名校不利于她成为学霸，综合我和儿子的小学入学经历，我认为孩子就读小学一年级时，如果上条件很差的学校，对孩子十二年学习生涯有益。道理是这样的，中国有句老话叫先苦后甜，知道有差距的人，知道苦的人，往往站得高看得远，懂得什么是甜。不知道什么是苦的人，不可能知道什么是真正的甜。

于是我舍近求远，舍名校择条件差的学校，为女儿择校去了北京位于山区的一个小学上学。当我去报名时，那所学校的招生人员看了我女儿的户口本后很是吃惊，问为什么要来这所学校上学。对方告诉我，这属于择校，需要交择校费。我说好吧。

我的女儿一年级入学时，没有上位于北京城中心的管片名校，而是择校去了远郊区的条件很差的小学。

我在女儿小学入学时择校的这个决定，被证明是对的。女儿后来告诉我，她后来读过的学校硬件设施条件一个比一个好，每当她进入学校时，她都会想起她小学一年级时上过的那所远郊区小学简陋的校舍，都有幸福感，她会更加珍惜设施好的学校。她告诉我，如果她没有在校舍简陋的学校上过学，她不会珍惜校舍豪华的学校环境。这就像我每次去硬件设施优越的学校讲课时，我都会想起我上过的马甸小学的破庙教室。

作家都知道好的文学作品的情节设置需要差距，故事中的反差越大，越吸引读者。人生也是这样。家庭教育也是这样。

我在我为女儿写的教育日记里认为，我在女儿小学一年级入学时，为女儿择校去了北京远郊区的小学上学，对于女儿在高三毕业时全年级成绩第一，很重要。在简陋教室里上过学的孩子，一旦进入有室内游泳池有体育馆的豪华校园，会无比珍惜和喜悦，由此连带也会对学习无比珍惜和喜悦。从来没有在简陋教室就读过的孩子，可能体会不出豪华教室的甜。

孩子最初进入小学时，含着金汤匙，不如含着黄连。其中的道理，仔细想想，值得深思。

我的女儿高三毕业时全年级成绩第一，我认为和她上小学一年级时，我为女儿择校，有关系。

下节课的题目是《上小学最重要的事》。我将女儿培养成学霸的经验告诉我，除了安全外孩子上小学最重要的事，不是考试成绩，那是什么呢？

第 *35* 课

上小学最重要的事

　　我的女儿上中小学十二年期间，我风雨无阻接送女儿上学放学整整十二年，包括高三。在女儿上小学二年级时有几个月时间我由于参加一个项目临时住在距离家四十公里的地方，那时女儿已经回到城里上学。我每天清晨开车走四十公里的路程送女儿上学，来回可是八十公里。下午接女儿放学时还有八十公里。而女儿的住处距离学校只有三公里。来回开八十公里只为送女儿三公里上学，我认为这也是家庭教育。在车上，我每天对女儿说同样的话：你随时可以不上学。

　　我认为，在家庭教育中，父亲的角色也重要，虽然我赞成比尔·盖茨妈妈那句"两个民族的竞争说穿了是两位母亲的竞争"的话，但是我依然认为父亲在家庭教育中的角色也重要。我相信一位被父亲接送上学放学十二年的女儿，在面对学校学习时，内心会十分强大和强势。换句话说，会很爸气。

　　我之前说了，超越的秘诀是先落后。我要让女儿在小学期间成绩在班上处于中下游，这样才能练习追赶的功夫。我对女儿说，你的考试成绩在班上不要进入前十二名。我还记得女儿上小学四年级时有一次我接女儿放学，女

图／郑渊洁坚持十二年接送女儿上学放学

儿见到我第一句话说，对不起老爸，这次考试，我在班上是第十一名，抱歉。我说，知道错了就好，下次一定退到十二名之后。然后我和女儿哈哈大笑。

我在为女儿写的教育日记中记录了我对女儿上小学时，我认为最重要的事。当然，最最重要的事是安全。除了安全，我认为对于我的女儿，上小学这个阶段，最重要的事是养成爱阅读的习惯。养成爱阅读的习惯，对于女儿初二时开始发力超越、高中时考试成绩全年级夺冠至关重要。

我让女儿养成爱阅读的习惯比较容易，我让她近水楼台接触的第一个故事是我的童话。我在之前的课里说过，孩子接触的第一本书重要，能决定孩子此生是否爱阅读。第一本书能吸引孩子，孩子就可能爱上书籍。第一本书不能吸引孩子，孩子就可能成为电脑游戏、漫画和动画片的俘虏。

我的儿子接触的第一本书是我写的，我就此观察儿子，我认为他至今爱阅读走到哪儿都会带着书，和他接触的第一本书是我的作品有关系。

于是，我从女儿一岁开始，给她读我的童话，她很喜欢。我还记得一次我听见女儿和她妈妈的对话。妈妈说，该睡觉了，我给你读睡前故事。女儿一看书的封面是老爸的书，就说，郑渊洁的书，越听越精神，您给我换一本安徒生的吧。

我的女儿是有幽默感的人。

刚才说了，我从女儿一岁起给她读我的童话，到女儿三岁时，我的童话全读完了。女儿还要听，而且不听重复的。我就对女儿说，你给我出题目，我现场给你编故事。

这样讲了一段时间后，我在讲的同时开始录音，那时还是卡带式录音机，那种录音带我们录了七百多盘。

女儿给我出题目，她说《小兔跑跑跳跳》，我就当场口述编故事。她再说《小汽车和小兰》，我就又编《小汽车和小兰》的故事。

其中的一些故事已经出版，而且很受孩子们欢迎，比如各种版本的《小兔跑跑跳跳》已经发行了一百二十万册。

后来，女儿开始给我讲她编的故事，她编的故事的主人公叫智智，智智在我们家里还有自己的住处，位于一张桌子下面。

我用这样的方法，让女儿在上小学不认字之前，就对书籍产生了浓厚的兴趣。上小学二年级认字后，女儿开始自己阅读，她先将我给她读过的我的作品全部看了一遍，之后开始看她喜欢的不是爸爸写的书。

我的女儿在上小学期间，我没有让她将主要精力放在考试成绩上，我让她保存实力，跟跑。我让女儿大量阅读课外书，先当自学的学霸。

我在给女儿记的教育日记里有这样的话：未成年孩子的安全问题总让家长操心，可是未成年孩子天天只是和监护人接触会有局限，如何既让监护人放心，又让孩子安全地和其他成年人独处通过接触更多的人获取视野开阔的格局呢？答案只有一个：让孩子爱上阅读，通过看书和其他成年人独处，接触监护人之外的成年人，特别是智者和大师。我女儿在上小学期间最重要的事是阅读课外书，在小学期间，女儿的阅读量很大。我认为，这是女儿为在高中实现学习成绩超越做的最重要最有用的准备。

女儿看书多了，写作文水平自然水涨船高。女儿曾经问我写作的秘诀，我说就两个，第一是别人怎么写我就不怎么写。第二是怎么说话就怎么写。由此女儿从小就知道写作文要和别人不一样，从小就鄙视背好词好句，在写作文时使用别人使用过的段落。

大家应该能想到，女儿按照我的思路写作，当然和学校流行的八股作文格格不入，语文考试自然不会得高分。但是到了高中，作文要求和小学已经截然不同，这就使得女儿的超越十分轻松。

女儿在小学五年级时转学到北京的国际学校，入学第一天女儿就被老师告知，只有一件事会被开除，就是在写文章时抄袭别人的。写文章时如果引用别人的文字，必须标明出处，如果不标明这段文字是别人的，就属于抄袭。

女儿在小学期间，最重要的事就是养成了阅读课外书的习惯，其次是参加体育活动，滑冰、游泳、滑雪、网球、骑自行车等等。我的女儿从事这些体育活动基本不找教练，都是靠自己揣摩实践学会的。这是我的影响。我告诉女儿，不管干什么都要报班或者找个老师教，不是好习惯。相当于双腿健全却要拄拐行走。

我记得我第一次带女儿去滑雪时她五岁。女儿穿戴好滑雪板后，一个教练过来问我们需要教练吗。我们还没回答，那教练又说，这么小的孩子滑雪，不找教练会摔挂了。我女儿听完那教练不礼貌的话，有滑冰基础的她，自己顺着山坡就滑下去了。

女儿在上小学包括后来的中学期间，每天放学回家都是先写完家庭作业再做其他事。作为家长，我们从来没有为孩子写作业慢发愁。这源于从孩子出生起，就看到爸爸每天清晨四点半起床写作。

1985 年，只刊登我一个人作品的《童话大王》杂志创刊，我决定一个人将《童话大王》月刊写至少三十年。我在《郑渊洁家庭教育课》第一单元第 9 课说过，在三十年间，每天必须写数千字的我，发现只有清晨四点半到六点半这个时间段没有任何干扰，没有任何人会在这个时间段举办活动。也

只要爱上阅读，走遍天下都不怕。

——郑渊洁

没有人会在这个时间段找我见面。于是，我在三十多年的时间里，每天清晨四点半起床写作到六点半，一个人将《童话大王》月刊写了三十三年。

我的孩子目睹了父亲清晨起床写作，孩子问我为什么这样，我说我把一天必须做的事先做完，这样再做其他事时，心里很轻松。否则什么也做不踏实。

在这样的身教下，我的女儿从上小学第一天开始，每天放学回家第一件事就是心无旁骛高效写完家庭作业，之后才做其他事。

我在为女儿写的教育日记中有如下记载：女儿上小学已经三年了。她每天放学回家，先写作业，然后我们会有这样的对话。我说，刚回家，休息会儿再写作业。女儿说，我写完了才能休息好。

一些爸爸妈妈认为孩子不听话。我觉得，家庭教育失败的主要原因是父母要求孩子做的，父母自己做不到。如果父母以身作则，孩子肯定会模仿。

在女儿上小学期间，她阅读了大量课外书。我认为，这是为女儿在初二时开始发力准备在考试成绩上超越同学做的最重要的准备。

我在为女儿写的教育日记里有这样一句话：只要爱上阅读，走遍天下都不怕。

明天，我应邀到台湾的学校讲课。下一节《郑渊洁家庭教育课》，我将在台湾讲课，我还会到台湾同胞家里和爸爸妈妈们交流家庭教育的体会。我会将我在台湾看到的和家庭教育有关的信息和大家分享。

第 *36* 课

我的女儿没上过课外班

我现在在台湾讲《郑渊洁家庭教育课》。我这次到台湾是到台湾一所小学讲课。我还到同胞家里做客，和爸爸妈妈们交流家庭教育。我从一位家长口中获悉，现在台湾的小学聘请家长到学校参加"学生家长会"，家长参与对教师工作成绩的评定，对校长的聘任发表举足轻重的意见。我感觉，两岸的家长都重视对孩子的家庭教育。在孩子的成长过程中，家庭教育比学校教育重要。家庭教育决定孩子一生。

我的女儿没有上过课外班。我曾经有一位朋友是办课外班的，他告诉我，他不让自己的孩子上课外班，因为他清楚课外班的内幕，大多数课外班是糊弄事，教学人员不具备教学水准，误人子弟。这让我想起一位开饭馆的朋友告诉我，他很少在外边用餐，他清楚餐饮业的内幕。

女儿上小学二年级时，有一天我接她放学，女儿对我说，她的班上几乎所有同学都上课外班，她也想报个课外班去看看。

我不敢让女儿去课外班。我是这么想的，孩子的观察力属于洞察一切级别的。既然大多数课外班属于糊弄事，说明这些课外班的任教者要么不敬业，要么水平低，孩子置身这样的环境中，接受的应该是负面教育。我们想想，孩子听了或不敬业或水平差的人授课，会想，原来还可以这样工作，潜意识里就会为孩子长大后参加工作埋下不敬业的种子。而一个不敬业的人，事业上是不会有发展的。

我告诉女儿，去课外班，不如看课外书。我清楚，让孩子把去课外班的时间用来看课外书，对提高孩子的学习成绩绝对有益。阅读量大的孩子，视野开阔。到了高中考试时，阅读量大的学生会占上风。

我在《郑渊洁家庭教育课》开课时说过，陆游的儿子想学写诗，向爸爸请教。陆游说，你真的想学写诗，那么我告诉你写诗的秘诀：功夫在诗外。考试也一样，真想在高三毕业时考出名列前茅的好成绩，我认为功夫在课本之外。高三考试的名列前茅者，哪个学生也不会对课本知识陌生，都是对课本倒背如流级别的学生，拼的应该是课本之外的知识和视野。

但是女儿还是想去课外班体验一下。这让我想起我曾经让女儿体验过两个月的幼儿园。但我觉得幼儿园和课外班不一样。课外班真的不能让孩子去，在周末黄金时间让孩子和不敬业或者教学水平差的人在一个房间里待几个小时，对孩子的一生真的有负面影响。

第二天女儿上学后，我在家里和家人商量这件事。儿子郑亚旗说，这样吧，他专门给妹妹办一个皮皮鲁讲堂，聘我当老师教孩子们写文章。儿子认为我是极其敬业的人，而且本身是写了近两千万字、书刊发行近三亿册的作家，有教写作的实力。儿子还说，他认为我有演讲和讲课的水平，因为我当年在家教他时全是用讲故事寓教于乐的方式，不直接说道理，道理都融在故事之中。

图 / 郑渊洁在台湾给台湾的孩子讲课

写出好文章的秘诀是学会分析生活。

——郑渊洁

于是，为了满足女儿对课外班的好奇心，皮皮鲁讲堂问世。我成为皮皮鲁讲堂唯一的授课教师，教孩子们写作。

我分析了学校各科教师的授课状况，我发现老师先示范给学生看的教学效果最好，这就好比驾校的教练先驾车示范给学员看，然后再让学员自己开；数学老师会先演示解题给学生们看；英语教师也会先发音给学生示范，然后学生模仿；体育老师更是先示范动作。

我发现在学校的所有课程老师中，唯独语文老师在教学生写作文时，很少见老师当场写一篇文章示范给学生看，这是因为不是所有语文老师都有高写作水平，于是我们的语文教学就走了弯路，用分析文章来代替老师示范写文章。真正会写作的人都知道，学会分析文章后，这辈子恐怕也写不出好文章了。写出好文章的秘诀是学会分析生活。

那么问题来了，既然不是所有语文老师都能当场为学生示范写出一篇文章，语文教学应该如何进行呢？我认为是让学生阅读课外书，然后大家交流对不同书籍的不同感受。

我在皮皮鲁讲堂教孩子们写作的方法是这样的：先让三十位孩子抽签，然后抽到签的孩子坐到我身边。一位孩子开始掐秒表计时，给我五分钟时间，我向身边的那位孩子发问，聊天。五分钟时间到了后，我不能再发问。

掐秒表的孩子再次开始计时，给我二十分钟时间，我当着所有孩子的面，在电脑上写一篇八百字的文章《郑渊洁眼中的某某某》。孩子们能从大屏幕上看到我写作的全过程。我还会一边写一边告诉孩子们我为什么这样写不那样写。

孩子们看我这样写作三次，就知道写作是怎么回事了。效果特别好。这样的文章，我在皮皮鲁讲堂当着孩子们写了近千篇。

在皮皮鲁讲堂跟我学过写作的孩子，大多数都上了名牌大学，写作能力与众不同，一些孩子还出版了著作。我还为他们的书写序言。

现在我给大家读两篇我在皮皮鲁讲堂当场写的文章。

第一篇的题目是《郑渊洁眼中的李太平》：

基地恐怖组织操纵的飞机9·11撞击美国世贸大厦时，李太平身处纽约联合国总部大楼。联合国大楼和世贸大厦近在咫尺。当时李太平三岁，就读于联合国幼儿园。时至今日，十岁的李太平还对那天的情景记忆犹新。这是刚才李太平在皮皮鲁讲堂对我说的。那天，李太平正在联合国幼儿园和同班的小朋友玩，老师突然将所有孩子带到大厦的地下室，当时有情报说，下一架飞机的撞击目标可能是联合国总部大厦。老师很镇静，她告诉孩子们说，跟随老师到地下室去做游戏。孩子们不知道，导致他们去地下室做游戏的人名叫拉登。

2000年至2003年，李太平的妈妈到联合国工作，三岁的李太平随妈妈到美国经历了9·11。他可能是所有北京人中亲身经历9·11年龄最小的。见过世面的李太平举止泰然自若，举手投足都有大将风度，最突出的，是他的善良。与善良并驾齐驱的，是充分的好奇心。

不知是否和那次在美国被幼儿园老师带到地下室玩游戏有关系，李太平现在痴迷学习飞行。他已经能够单独驾驭飞机起飞和飞行，预计在几个月之后，他就能独立操控飞机着陆了。李太平目前拥有两架以油作为燃料的飞机，每个周末，他都可能在爸爸妈妈的陪同下练习飞行。确切地说，是航模飞行。

李太平的爸爸妈妈给儿子的人生罗盘的定位是：快乐成长。一切导致儿子不快乐的因素，都被他们拒之门外。

不管李太平将来从事什么职业，他的人生，都将是一次真正的飞翔。我说的。

第二篇的题目是《郑渊洁眼中的于得水》，需要说明的是，皮皮鲁讲堂免费招收贫困或流浪儿童听我讲课，这篇文章是我为流浪儿童写的：

于得水像鱼那样，生下来就不会走路。由于不能像其他孩子那样活泼乱跳，他的降生，不但没有给家庭带来快乐，反而导致父母分道扬镳。于得水在奶奶的照看下，举步维艰长到十三岁。

奶奶离开他后，父亲将于得水接到家里。从此，继母开始了对于得水日以继夜的"善待"。于得水不明白，同样是女人，怎么奶奶和继母是天壤之别。

于得水无法忍受继母的冷嘲热讽，他可以没有腿，不可以没有尊严。在一个寒冷的下午，于得水依靠双手离家出走，开始了他的乞讨生涯。

每天，于得水在大街上爬行乞讨，他最希望直接获得食物。如果得到的是钱，他还要费劲儿去买吃的，而他站不起来，超市拒绝他入内购物。

看到同龄人上学放学，于得水目光呆滞，瞳孔结冰。

于得水渴望认字，渴望聆听老师讲课。他依靠捡到的旧报纸自己认字。有一次，面对一位同龄人，他的乞讨要求是：求求你告诉我报纸上的这个字念什么。

终于，观音菩萨显身，一位大姐姐将于得水送进一所学校。在那里，于得水第一次有了轮椅，有了一日三餐和老师。

2008年北京奥运会前夕，为了确保奥运会的安全，于得水由于没有任何证件，不能继续在学校待下去了。

于得水后来被专门收养流浪儿的关爱学校接纳，避免了乞讨生涯的卷土重来。

我现在是于得水的"御用"写作老师，只有这位弟子能享有郑渊洁单独为其授课的特权。我告诉于得水，文字能给他插上鱼翅，使他在生活的海洋里急流勇进左右逢源。我还告诉于得水，人生的路不是靠腿走的，而是靠智慧和毅力走。有的人枉长了两条好腿，只能在人生的道路上蜗行。有的人没有腿，却在人生的道路上飞奔，如于得水。

以上这两篇文章是我在皮皮鲁讲堂当着孩子们的面当场写的演示给孩子们看的近千篇文章中的两篇。

我的女儿在小学五年级时遇到她无法接受的老师。在女儿上中小学的十二年间，这是我唯一一次和她的老师通电话，那次电话通了半个小时。通话的结果，是我做出了和女儿一样的判断：我们不能再和这个老师打交道。于是，女儿在小学五年级时转学到北京一所国际学校就读。

我在《郑渊洁家庭教育课》开课时说过，我对女儿学英文的过程也有感受。女儿高三毕业时参加托福考试获得了高分。女儿小学五年级转学进入的那所国际学校是全英文教学，老师一句中文都不会。而我的女儿之前没有学过英文，只会小学课本上简单的英语单词。

我对女儿进入国际学校听不懂老师的英文授课表示困惑。那所学校的外籍校长告诉我，一点儿不用担心，孩子在学校需要和同学玩，有了玩的需求，又在英语环境中，三个月孩子的英语就会爆发，突然就会了。我半信半疑。

女儿刚进国际学校时，上课听不懂老师授课，她就睡觉，老师还给她盖衣服防止感冒。老师认为听不懂英语就可以睡觉，学英语靠课间休息时和同学玩时学。

果然，三个月后，女儿就能听懂老师的全英文教学了。之后，女儿开始阅读英文书籍。我为女儿写的教育日记里分析了女儿学英语的过程，我觉得英文环境重要，然后就是大量阅读英文图书。

原本这节课会涉及我的女儿是如何获得正确的学习方法，但是没有时间了，已经拖堂了。下节课讲。

第 *37* 课

不要让孩子成为家庭的中心

我有一个重要的家庭教育体会，就是千万不要让孩子成为家庭的中心。中国有句老话，叫无功不受禄。在孩子未成年时，让孩子明显感受到他是家庭的中心，全家人都围着他转，对孩子的学习成绩不利，对孩子成年后走上社会更不利。

道理很简单，如果孩子认定自己是家庭的中心，他就会意识到自己的学习成绩是全家最重要的事。而事实上，孩子的学习成绩在孩子在学校期间不可能增加家庭的收入，不可能成为家庭的经济来源，孩子将不可能成为家庭经济来源的学习成绩看作全家最重要的事，绝对是误判。

孩子成为全家的中心，使得孩子从小适应了当核心的日子，孩子成年后总会离开家庭，他对于不是核心的日子会无所适从，不能适应这个落差。

应该让孩子感受到，监护人对他的呵护是由于他是未成年人，但是全家每位成员都有各自的事业、各自要做的事情。要让孩子真切感受到家里每个人都在忙，而且忙得有成效，都事业有成。

如此，孩子会在内心感谢家人为他提供了经济来源。

再有，亲人之间，目睹亲人的工作状态最能激发对对方的尊敬和爱。我为女儿写的教育日记里有这样的记载：有一天女儿对我说，她看见我伏案写作时，虽然我是坐着，但她认为我伏案时身材最高大。

如果让孩子成为全家的中心，让孩子感觉他是你们的一切，不好。请让孩子清楚感觉到家里每个人都在忙自己的事业，同时作为监护人呵护他成长。

这样做也是培养孩子的追功，追赶的功夫。孩子认为家里其他人由于年龄原因跑在他前面了，他会暗暗通过努力学习，追赶家人。

我在 2009 年 5 月 6 日的女儿教育日记有这样的记录：晚饭时，电视上出现对我的专访。女儿边吃饭边对我说，老爸，现在我为你自豪。将来会有一天，你会为我自豪。

我在之前的课里说过，我为女儿制定的方针是小学和初中时保存实力，练习追功。我认为在孩子的小学和初中阶段，让孩子掌握正确的学习方法比较重要。

我认为对于我女儿，学习方法主要体现在三个方面：第一是做事能迅速抓住重点，擒贼先擒王；第二是擅长逆向思维；第三是拥有想象力和好奇心。

对于女儿遇事能抓住重点的培养，我完全靠身教。我会有意当着女儿处理事情，演示给她看，老爸遇事是如何抓住重点的。比如我每次接到演讲邀请时，我第一句问邀请方的话准是我的演讲听众对象是什么年龄层，女儿就会问我为什么总是这句话，我说知道了听众的年龄层，才能针对听众的年龄做准备。

拥有逆向思维本领也重要。我曾经和女儿玩一个游戏，她给我出逆向思维的题目，我立刻当着女儿写一篇文章。比如《天鹅想吃癞蛤蟆肉》，比如

要让孩子真切感受到家里每个人都在忙，

而且忙得有成效，都事业有成。

——郑渊洁

《树林子大什么鸟都没有》等等。这对培养女儿的逆向思维很有帮助。她出题，然后看到我如何通过逆向思维写出文章。

我现在给大家读一篇女儿出题我当场写逆向思维的文章，题目是《赖活着不如好死》。以下是这篇文章的正文：

不管怎么活着，都比死强。这是"好死不如赖活着"这句流传久远依然显现强大生命力依然赖活着不死的俚语的基本要素。

上个世纪三十年代，邻国日本使用武力侵略中国，汪精卫作为中国人没有拼死抗战，他选择了好死不如赖活着，投降侵略军，甚至组织伪政府，为日本侵略者提供支持。这样的赖活着，绝对不如战死。抗日英雄杨靖宇面对日本侵略者视死如归视活如龟，壮烈牺牲。这样的好死，胜过赖活着一千倍。

生命诚可贵，爱情价更高。若为自由故，二者皆可抛。在智者看来，和自由相比，生命显得微不足道。没有自由的生命哪怕住别墅开宝马，都属于赖活着。不如为了获得自由而献身。像李大钊那样，为了人民的利益为了自由和民主献出生命，这样的好死，不比像猪狗那样吃饱了就感激涕零浑浑噩噩的赖活着强？

一个信奉"好死不如赖活着"的民族，最终将被他人奴役，像汪精卫那样，成为没有脊梁的软体动物。我强烈怀疑"好死不如赖活着"是历史上某位皇帝为了维持君主统治炮制出的俚语，这句话被历代封建君主刻意呵护，灌输给老百姓成为他们的生存座右铭。

有一种动物让我钦佩，它的名字叫麻雀。麻雀是世界上最向往自由的动物，几乎没人能成功豢养麻雀。麻雀被人捕获后，不吃嗟来之食，不忍受笼狱之灾，绝食而死。不自由，毋宁死。表面看，麻雀死得傻，实际上，正是麻雀的赖活着不如好死哲学，导致至今无人豢养麻雀，使得它们的后代受益，永远在天空享受着自由的阳光。我们在任何动物园的牢笼里都看不到麻雀身陷囹圄的不幸身影。前辈信奉"好死不如赖活着"，后代肯定先天不足生活在水深火热的地狱。前辈信奉"赖活着不如好死"，后代笃定生活在自由幸福的天堂。

这篇文章念完了。

2006 年左右，我想拍摄一幅表现中国勇往直前不走回头路也不能走回头路的照片，但是一直找不到恰当的构思。一天我驾车自西向东经过天安门时，偶然看见天安门西侧有一个禁止调头的交通标志。我有了灵感：禁止调头就是不让走回头路。天安门现在是中国的象征，将禁止调头的标志和天安门拍摄进同一幅画面，中国不走回头路的含义就产生了。

我决定拍摄这幅照片。由于那块交通标志竖在机动车道旁，只能驾驶汽车拍摄，而且汽车必须停在红灯时第二辆待灯的位置。我知道拍摄这幅照片有难度，我就有意识带上了女儿，我认为这是身教女儿做事认真不达目标不罢休的机会。

那天上午，我驾驶一辆加满油的汽车，带上女儿，我们带上干粮和水，开始执行拍摄任务。第一次失败了，我的汽车经过天安门时，很不走运没有遇到红灯。我在正义路右转，经过前门大街到六部口重新驶上长安街。第二次经过天安门时，我遇到了红灯，但是停在第六辆车的位置。没法拍，够不着。

我就这么一次一次地兜圈子，当一箱汽油快耗尽时，已是傍晚，华灯初上。我的汽车终于在天安门前遇到红灯而且排在了第二。我热泪盈眶，按下了傻瓜相机的快门。

于是，我的摄影作品《不走回头路》就诞生了。这幅摄影作品刊登在2010年10月1日的《北京晚报》上。

我发现，从这次以后，我的女儿就对拍摄产生了兴趣，不管是照片还是视频。如果将来女儿成为导演，应该和这次拍摄有关系。

女儿上初中后，我认为她应该接触中国传统文化，我觉得对于中国孩子，接触中国传统文化比学外语重要。但是文言文孩子接触起来可能会感觉难懂，于是我就又用玩游戏的方式，让女儿拿着《古文观止》随手翻出一页，我当场将那篇文言文"翻译"成故事，这样的效果很好，女儿对中国传统文化兴趣大发。我给各位家长演示一下我是怎么给女儿当场翻译文言文的。这是《古文观止》中左丘明写的《郑伯克段于鄢》。可能难懂，请大家稍忍，是为了对比。

初，郑武公娶于申，曰武姜，生庄公及共叔段。庄公寤生，惊姜氏，故名曰寤生，遂恶之。爱共叔段，欲立之。亟请于武公，公弗许。

及庄公即位，为之请制。公曰："制，岩邑也，虢叔死焉。佗邑唯命。"请京，使居之，谓之京城大叔。祭仲曰："都城过百雉，国之害也。先王之制：大都不过参国之一，中五之一，小九之一。今京不度，非制也，君将不堪。"公曰："姜氏欲之，焉辟害？"对曰："姜氏何厌之有！不如早为之所，无使滋蔓，蔓难图也。蔓草犹不可除，况君之宠弟乎！"公曰："多行不义，必自毙，子姑待之。"

　　既而大叔命西鄙北鄙贰于己。公子吕曰："国不堪贰，君将若之何？欲与大叔，臣请事之；若弗与，则请除之。无生民心。"公曰："无庸，将自及。"大叔又收贰以为己邑，至于廪延。子封曰："可矣，厚将得众。"公曰："不义，不暱，厚将崩。"

　　大叔完聚，缮甲兵，具卒乘，将袭郑。夫人将启之。公闻其期，曰："可矣！"命子封帅车二百乘以伐京。京叛大叔段，段入于鄢，公伐诸鄢。五月辛丑，大叔出奔共。

　　书曰："郑伯克段于鄢。"段不弟，故不言弟；如二君，故曰克；称郑伯，讥失教也；谓之郑志。不言出奔，难之也。

　　遂寘姜氏于城颍，而誓之曰："不及黄泉，无相见也。"既而悔之。颍考叔为颍谷封人，闻之，有献于公，公赐之食，食舍肉。公问之，对曰："小人有母，皆尝小人之食矣，未尝君之羹，请以遗之。"公曰："尔有母遗，繄我独无！"颍考叔曰："敢问何谓也？"公语之故，且告之悔。对曰："君何患焉？若阙地及泉，隧而相见，其谁曰不然？"公从之。公入而赋："大隧之中，其乐也融融！"姜出而赋："大隧之外，其乐也洩洩。"遂为母子如初。

　　君子曰："颍考叔，纯孝也，爱其母，施及庄公。《诗》曰：'孝子不匮，永锡尔类。'其是之谓乎！"

　　下面是我当场将刚才这段文言文给女儿翻译后的故事，题目是《武妈妈的故事》：

图 / 郑渊洁摄影作品《不走回头路》

如果只会外语而对中国传统文化不了解，

就成为满天飞而没有脚无法着陆的鸟。

——郑渊洁

两千多年前，有个国家叫郑国。郑国有位大王叫郑武公。他娶了位妻子名叫武姜。

武妈妈生了两胎，是两个儿子。

大儿子庄公出生的时候脚先问世，头后离开妈妈的身体，把武妈妈折腾得死去活来。二儿子共叔段出生时头先出来，武妈妈由此没有受太大的罪。就因为这个原因，武妈妈宠爱二儿子小共，不喜欢大儿子小庄。

武妈妈多次对丈夫郑武公说，应该立二儿子小共为太子当备胎，将来继承王位。郑武公认为这样做违反了游戏规则，就没有同意。他还告诫妻子，以后这样的话就不要再说了。武妈妈却说，臣妾做不到。

后来，小庄成为郑国的新大王，名为郑庄公。武妈妈心里不爽，就和宠爱的二儿子小共为所欲为，横行霸道，经常犯上。有大臣对郑庄公说，您的弟弟和老娘这样做对国家不利。郑庄公说，多行不义必自毙。

后来，郑庄公惩罚收拾了谋反的弟弟小共和武妈妈。郑庄公发毒誓说和妈妈永远不见面，如果再见面就是在黄泉之下。

一天，郑庄公宴请下属部门经理颍考叔。吃饭的时候，颍经理将盘子里的一块肉收藏起来。郑庄公看了感觉奇怪，就问颍经理，你为什么不吃这块肉，而是要带走？颍经理说，我妈妈没吃过这样的肉，我想带回家给妈妈吃。

郑庄公触景生情，想起了自己的妈妈，眼角湿润了。他说，真羡慕你有妈妈可以孝顺。

颍经理说，大王您的妈妈也还健在啊。

郑庄公说，寡人发了毒誓只和妈妈在黄泉下相见。君子一言驷马难追啊。

颍经理说，大王我给您出个主意，既不违反您当初的誓言，又能和妈妈见面尽孝。

郑庄公洗耳恭听。

颖经理说，您让城建公司在地下挖一条隧道，挖的过程中就会有泉水涌出来。泉水和泥土混在一起就成了黄泉，然后大王和武妈妈就在充满黄泉的隧道中见面。

郑庄公认为这是个好主意，他就照着做了。

数日后，郑庄公和武妈妈在黄泉见了面。母子抱头痛哭，重温天伦之乐。

郑庄公和妈妈重逢的隧道，会不会是世界上最早的地铁的雏形？

这个故事记载在《古文观止》中的《郑伯克段于鄢》一文。这篇文章产生了两个千古绝句，直到今天我们写文章时还在反复使用："多行不义必自毙"和"黄泉"。

女儿上高中后对我说，这些古文对她高中时写论文非常有帮助。

我感觉，作为中国孩子，熟知中国传统文化，同时学会外语，去外国留学，就成为了有脚的会飞的鸟，在飞翔时，随时可以着陆。如果只会外语而对中国传统文化不了解，就成为只能满天飞而没有脚无法着陆的鸟。

第*38*课

先学爸，后学霸

我第一次提出"先学爸，后学霸"这个说法，是在美国加州理工学院。2014 年 7 月 26 日，我在美国加州理工学院做题为《我的思维方式》的演讲。

在美国加州理工学院演讲时，有听众问我是如何将女儿培养成学霸的。我回答说先学爸，后学霸。

加州理工学院平均每一千名毕业生中有一人获得诺贝尔自然科学类奖，这个比例很了不起。爱因斯坦、霍金、钱学森、哈雷、摩尔根、冯·卡门等科学大师都在美国加州理工学院学习或教学过。

我在之前的第四单元课程中说过，我为女儿制定的学校学习目标是高三毕业时考试成绩全年级第一。我认为中小学十二年学习生涯是一场漫长的马拉松竞赛，想夺取马拉松竞赛的冠军，需要在竞赛的前半程保存实力，采用跟跑而不是领跑的战术。赛程过半甚至到赛程三分之二时，开始发力超越，之后领跑，最终夺冠。

2012 年 10 月时我的女儿上初二，我在 2012 年 10 月 7 日为女儿写的教育日记中有如下记载：今天是一个重要的日子。吃饭时，我对女儿说，你的

越是重要的事，使用童话和游戏的手段处理，

越能产生好的结果。

——郑渊洁

作为父母，在教育孩子时，请闭上您的嘴，抬起

您的腿，走您的人生路，演示给孩子看。

——郑渊洁

这场马拉松，赛程已经过半。女儿说，何止过半。我说，累不累？女儿说，你老是叮嘱我慢点儿再慢点儿，要求我的考试成绩在班上不能进入前十名，所以我很悠闲呀，一点儿不累，很轻松。

我说，从明天起，你可以开始发力超越了。女儿说，就等老爸这句话了。我在当天的日记里还写了这样的话：今天有点儿像誓师大会。我对誓师大会不陌生，我在服兵役时常参加誓师大会，很多军人站在一起群情激动斗志昂扬。我家虽然风平浪静，但我今天有誓师大会的感觉。

我在次日的教育日记里有这样的记载：我今天和父亲郑洪升说起了昨天我为女儿在班上的学习成绩超越同学发鸣令枪的事，父亲说在别人家那么严肃甚至看得比什么都重要的孩子学习成绩的事，怎么到了你家就成了童话般的事，还有游戏的感觉。

我对父亲说，我的体会是，越是重要的事，使用童话和游戏的手段处理，越能产生好的结果。借用苏轼的一句诗，我管这叫：谈笑间，樯橹灰飞烟灭。

女儿从第二天开始，学习成绩开始超越同学。由于前七年她保存了实力，由于前七年她阅读了大量课外书，由于前七年她一直跟跑，由于她掌握了正确的学习方法，所以超越得比较轻松。到初三时，女儿已经处于全年级前三名的位置。

我认为，女儿从初二开始超越，之所以超越成功，最重要的原因，是先学爸，后学霸。

之前我在《郑渊洁家庭教育课》里多次强调，效果最好的家庭教育是身教，作为父母，在教育孩子时，请闭上您的嘴，抬起您的腿，走您的人生路，演示给孩子看。效果会特别好。最差的家庭教育就是父母要求孩子做的，父

要想孩子成为学霸，先让孩子学爸学妈。

——郑渊洁

母自己没有做到。比如父母要求孩子少玩手机，可是父母自己在家时刻拿着手机看。

如果您真的想让孩子成为学霸，您务必让孩子先学爸学妈，爸爸妈妈的身教，对于提高孩子的学习成绩最有成效。不信可以试试。

现在和大家分享我是如何实施"先学爸，后学霸"的。

我在之前的课程里说了，我发现女儿极其向往和喜欢上学后，我就在女儿学龄前时期，为女儿制订了在学校学习前半程跟跑、半程超越和领跑、高三毕业时夺冠的规划。

那么问题来了，女儿会听我指挥吗？或者换句话说，我是女儿跑中小学十二年马拉松的教练，如何让女儿这位运动员完全贯彻和执行教练的意图呢？

只有一个办法：让女儿发自内心地佩服我。怎样才能让孩子发自内心地佩服父母呢？还是只有一个办法，你要当着孩子做出让孩子口服心服的事情，让孩子目睹你做事的全过程，当目击证人。

我让女儿先学爸，我讲两个学爸的事例。我认为，这两件事，对于我的女儿先学爸后学霸比较重要。

女儿小时候，有一次我带她去医院看病。女儿问我，会不会世界上所有病菌都住在医院里？我告诉女儿，你的这句话给了我灵感，我想根据你的这句话写一部长篇小说《病菌集中营》。女儿说，真的吗？

回到家里，我认为这部长篇小说我必须写，这是让女儿学爸的最好机会。如果女儿目睹自己的一句话导致爸爸的一部长篇小说问世，她就会知道什么是创造，什么是创新。如果她通过目睹爸爸捕捉灵感，受到启发，在今后的学习中，就会如法炮制。

几个月后，我的长篇小说《病菌集中营》完成。我在写作这部长篇小说的每一天，都当着女儿的面。在吃饭时，我还会当着女儿聊我今天写到哪里了，还会让她给作品中的人物起名字。

我还记得女儿说，《病菌集中营》如果拍成电影多好看啊。我说，不知哪位导演有幸能拍《病菌集中营》。女儿说，她长大了拍。

还有一件事我认为也是学爸的重头戏。女儿上小学时填表，要写爸爸的职业。我填了无业。女儿问我，老爸你为什么无业呢？

我就给女儿详细讲我辞职导致无业的经过。

我告诉女儿，我在 1970 年十五岁时服兵役，由此开始计算工龄。我退役后，在北京一家工厂当工人。后来由于我写作有了成就，我从工厂被调到北京市文学艺术界联合会参与创办一家少儿期刊。然后我就一直在这家期刊担任编辑。

女儿问我，当编辑感觉如何。

我告诉女儿，我在 1985 年当编辑时有过一个想法，我认为如果将我供职的这家少儿期刊改版为只刊登我一个人作品的期刊，销量会大增。

我将我的这个想法告诉我服务的北京市文联那家少儿期刊的领导，在遭到谢绝后，我才在山西省创办了只刊登我一个人作品的《童话大王》月刊。《童话大王》月刊被新闻出版总署命名为双效期刊，双效指社会效益和经济效益，《童话大王》月刊获得了巨大的社会效益和经济效益，总销量逾两亿册，影响了中国至少两代读者，至今畅销不衰。

女儿问我，那你所在的编辑部领导会不会因此不高兴？

我说会。所以当1992年国家经贸部中国工艺品进出口总公司希望使用我的无形资产中国本土原创"皮皮鲁""鲁西西"等作为商业品牌开拓衍生儿童用品市场时，我赶紧先向我服务的北京市文联那家少儿期刊的领导汇报了我的作品里的人物可以进行商品化权开发的思路，询问可否依托本刊做这件事。在得到否定的答复后，同时在获悉本单位领导无异议后，我才和中国工艺品进出口总公司签署了合作十年的协议，授权该公司自1992年起至2002年使用皮皮鲁品牌开发衍生产品十年。

女儿问我，领导又不高兴了吧？

我说是的。北京市文联党组马书记找我谈话，他希望我能为文联作些贡献，肥水不要都流了外人田。我表示愿意为我服务的这家少儿期刊作贡献。当时这家期刊每年需要文联财政拨款十余万元。我表示，我可以让该期刊从此不再要北京市文联一分钱，每年还要向文联上交二十万元。

我还表示马上交给文联二十万元风险抵押金，如果一年后我的经营失败，这二十万元就充公了。我还表示，不担任期刊的行政职务，没有人事权，不会裁减一个人，我只管稿件和发行。

女儿说，这样挺好。老爸，我认为你有能力让一家少儿期刊盈利。

我说，哪有这么简单。编辑部领导闻讯后立刻宣布辞退我，理由是我在外边拥有皮皮鲁品牌公司。而该公司已经成立多年，领导同志为什么一直不闻不问呢？直到我答应北京市文联党组马书记的请求要为文联"作贡献"了才以此为由辞退我呢？其辞退我的真实原因，不言自明。

女儿说，怎么会这样？

在我"不为单位作贡献"时，编辑部领导和我相安无事。一旦我应上级领导要求要为本单位作贡献了，本单位领导立马将我辞退，其中的道理，令人深思。当时文化单位在进行体制改革，实行全员聘任制，编辑部领导有权解聘下属。实行这样的政策，是为了破除大锅饭，其初衷是好的。但是解聘也能成为忌才妒能的撒手锏。

北京市文联党组马书记没想到出现这样的局面，就派出两名副书记陈先生张女士调解。我还记得一个周末在位于和平门的陈副书记家接受调解的场面，当时张副书记也在场。他们向我转述编辑部领导提出的一个解决方案：可以继续聘郑渊洁，条件是郑渊洁不能来上班，工资照发。

我拒绝了这个条件，我说既然领工资就要上班。

文联领导又对我说工龄满三十年可以办理内部退休，你的工龄马上就三十年了，办理内退吧。我说我这么年轻，办退休多折寿。我谢绝。

调解无效。

在距离我的工龄满三十年的前一个月，我办理了辞职手续，将档案拿到街道，拥有了《北京市城镇失业人员求职证》。从此没有一分钱退休金和医疗保障，成为真正意义上的完全靠稿费生存的专业作家。为此我挺自豪。没有了工资收入和医疗保障后，我真切意识到我只有通过写作和稿费收入养家糊口一条路可走了。那时我想的最多的一个词是"破釜沉舟"。我认为，我通过辞职将档案拿到街道将自己的工龄清零，让人生回到起点，从零开始。这件事导致我多写了很多作品，因为我没有退路没有养老金没有医疗保障，我只能靠写作将自保能力扩展到无以复加的程度。

此后，女儿多次对我说，老爸在可以办理退休手续的前一个月敢于辞职，给她留下的印象极其深刻。她由此知道，扔掉有时比抓紧不放重要。女儿高

靠山不重要，靠谱最重要，靠自己的努力
才能赢得别人的尊重。

——郑渊洁

三毕业时告诉我，她在学校学习也遇到过难处，每逢这时，她想起老爸敢在可以办理退休手续的前一个月主动辞职将工龄清零，所有困难在她面前立刻迎刃而解。

据我观察，我的无业经历，是对女儿最好的学爸教材。这件事让女儿知道了，靠山不重要，靠谱最重要，靠自己的努力才能赢得别人的尊重。女儿多次对我说，她对我在作品里的这句话印象极其深刻：有的人将机会变成危机，有的人将危机变成机会。

还是那句话，要想让孩子成为学霸，先让孩子学爸学妈。

早年我的儿子办护照时，他在填表写父亲的职业时写了无业，没想到办护照的女警察是我的读者。女警察笑着对郑亚旗说，如果你不将郑渊洁的职业改写成作家，我就不给你办护照。

第 *39* 课

高二开始领跑

这节课是《郑渊洁家庭教育课》第 39 课，郑渊洁家庭教育课总共四十课。千里搭长棚，没有不散的筵席，下一节课是郑渊洁家庭教育课最后一节课。郑渊洁家庭教育课即将结束，家庭教育对孩子的影响却能陪伴孩子一生。

我的女儿从初二开始超越同学的考试成绩，初二、初三、高一期间，女儿的学习成绩和另外几名同学占据全年级前三的位置，几位同学轮流领先，相当于接近终点的马拉松参赛选手组成的领先阵容，几个人在前三的位置轮流领先。

我认为，从高二开始，女儿就要保持一路领先了，领跑全年级，不能允许别人超越。高二是冲刺的开始。

我多次说过，正确的家庭教育方法是家长的身教。家长对孩子的家庭教育，不需要用语言，用身教的方法做给孩子看效果最好。

我清楚，女儿上学到了高二，如果上中小学十二年的目标是高三全年级成绩第一，那么高二就到了冲刺的时刻，也就是整个马拉松到了最关键的冲刺冠军的时刻。在这个关键阶段，作为父亲，我能做的事就是用身教演示给女儿看什么叫马拉松夺冠。

在我为女儿写的教育日记里，详细记录了我为女儿冲刺高三全年级第一身教的四件事。我在教育日记里形容我是伴跑者，女儿在学校的马拉松赛场上冲刺冠军，我在跑道外伴跑，跑给女儿看。

刚才说了，我通过四件事为女儿冲刺十二年中小学马拉松冠军伴跑。

第一件事：1985年，只刊登我一个人作品的《童话大王》杂志创刊，我决定一个人将《童话大王》月刊写三十年。我的女儿出生时，我已经一个人将《童话大王》月刊写了十四年，女儿从出生起，听的见的最多的事，应该就是我当着她写《童话大王》月刊，她从小就知道，我一个人将《童话大王》月刊写到三十年时，她十六岁。

我一个人将《童话大王》月刊写到三十年时，正逢女儿临近高二。刚才说了，高二时女儿在全年级要处于绝对领先位置，不容他人超越。

我在2015年5月10日为女儿写的教育日记里有如下记载：今天是《童话大王》月刊三十岁生日，清华大学为《童话大王》月刊举行了隆重的三十岁生日庆典，我在庆典上作演讲。今天女儿对我说，老爸，您确实了不起。您为什么要一个人写一本月刊三十年呢？我笑着说，给别人超越我的这个纪录增加难度。女儿若有所思点头。我知道她在想什么。

第二件事：我在成都签售。我的签售由于读者多，时间都在五小时以上，都是书店通过停止售书结束签售。其中1993年5月23日我在长沙袁家岭新华书店签售了八小时，期间由于读者太多导致书店柜台被挤坏，我被临时转移到书店临街的一座库房里，书店用铁栅栏门将我和读者隔开签售。读者排队的队伍在人行道上绵延了很远，书店最终采用了停止销售的方法终止了签售。不知现在听课的家长有没有当时在场的。

2012年2月5日，我在福州安泰新华图书城签售时间长达十一个小时，书店也是用停售的方法结束签售。

2015 年 12 月 5 日，我在成都西西弗书店签售，当时正是女儿读高二，我决定用这次签售为女儿伴跑，我事先对书店提了要求，不许停止售书，我要签到最后一位读者离开。签售过程中，我让助理随时和我的女儿保持联系，将现场视频传送给女儿。那次签售从上午十点一直持续到次日凌晨一点，整整十五个小时，签售出一万多本书，据说是作家签售的世界纪录。

第三件事是瘦身：我的女儿从出生起，见到的我就是胖人。我的体重最高达到过二百多斤。女儿多次对我说，老爸你能瘦点儿吗？ 2015 年 6 月 15 日我过六十岁生日时，儿子和我开玩笑，他说让我签个再活五十年的合同。儿子这个提议给了我灵感，我决定通过瘦身，给女儿的高三领先再次伴跑。我要用瘦身的方法向高三冲刺前的女儿进行战前动员，七个月的时间里，我成功减掉了近五十斤体重。经过摸索和试验，我找到了不少吃一口、不多走一步、不花一分钱的瘦身方法，我用七个月时间成功减掉近五十斤体重。女儿目睹了爸爸的瘦身经过，她感到震撼和难以置信。

2017年5月27日教育日记有如下记载：在高三毕业典礼上，女儿悄悄对我说，老爸，你知道你的哪些事让我拿了第一吗？我说一个人写《童话大王》三十二年？女儿摇头说不是。女儿告诉我，是我在成都签售十五个小时和用七个月时间减掉近五十斤体重这两件事让女儿感到震撼，她说，她要证明她是我的女儿，就选择了最简单的证明方法——在高三毕业时拿全年级第一。

刚才说了，我为女儿高二高三伴跑做了四件事。第四件事是我当着女儿历时十五个月给读者写了八十八万字的赠言。

我从二十二岁开始写作，当时的梦想是拥有一家小书店，坐落在远离尘嚣的树林里。书店里全是我自己写的书。冬天我坐在书店的炭盆旁，夏天坐在书店前的小溪边，在书的扉页上一笔一划给不同的读者写不同的赠言。在女儿上初二时，我想完成自己早年的这个梦想，通过实现这个梦想，为女儿伴跑。我在为女儿写的教育日记里有如下记载：如果女儿看到爸爸用十五个月时间为读者写赠言，如果赠言的数量达到数十万字，对女儿一定会有巨大的激励作用。

于是，我用十五个月时间当着女儿亲笔给读者写了八十八万字的赠言。我现在念几篇赠言：

我给广东深圳窦宝峰手写赠言：我小时胆子不大，我觉得这样安全。可我又想当一个勇敢的人。后来我发现我可以勇敢地写作文，我可以在用文字虚构的世界里勇往直前。当大家爱看我的文章时，我就真的勇敢起来了。

我写给北京季嘉成的赠言：有人穿衣服以不冷为原则，有人以不热为原则。穿衣服以不冷为准的人不易生病。有人做事以做好事为原则，有人做事以不做坏事为原则。这两种人都不容易有病。

我给江苏扬州梁宇阳写的赠言：让脑子多运转、多想，往简单了想。有用的学问都是简单的、不深奥的。多想和想得太多是两回事。有用的道理都简单。远离复杂，追求一目了然。

我写给浙江舟山贺楷雯的赠言：我读小学一年级的一天，北京下了很大

图 / 郑渊洁不间断签售十五个小时

灵感可以在头脑里潜伏数十年， 伺机爆发。

在童年，一定要多玩，那是积累财富。

——郑渊洁

的雨，院子里成了汪洋。我和玩伴们将家里的澡盆放在积水中，坐进去玩海战。这就是《旗旗号巡洋舰》最初的灵感。灵感可以在头脑里潜伏数十年，伺机爆发。在童年，一定要多玩，那是积累财富。

我给佛山黄思学写的赠言：舒克前天对我说，据可靠情报，广东佛山有两只小老鼠也叫舒克贝塔。现在真相大白了，原来是你父母命名的。能分享爸爸妈妈的童年真不错。有的爸爸妈妈有了孩子后，就忘了自己曾经也当过孩子，用大人的标准要求孩子，就像用苹果的标准要求土豆。你幸福。

我给哈尔滨李佳霖写的赠言：我小时，过冬天就想夏天多暖和。过夏天时，又想冬天多凉快。长大了才知道，当下最好。

我给青岛一岁的李艺文写的赠言：李艺文，北京从昨晚开始下雪，天空中飘舞着踌躇满志的雪花，每一片都透着幸福。遗憾的是，由于地面温度高，雪花无法守身如玉坚守底线而化为泥水。幸福需要冷静、平静支持。祝你幸福。

我给西安吴逸尘写的赠言：人生竞争激烈。拼到最后拼什么？品质。品质无一尘，天下无敌人。

以上是我给读者写的八十八万字赠言中的八篇。我写赠言是为了让女儿成为学霸在高三毕业时全年级成绩第一。这些赠言后来出书了。

抱歉，这节课又超时拖堂了。我喝口水。

说到喝水，我认为食物也就是吃什么和孩子的学习成绩也有关系。孩子的学习靠的是大脑。我认为应该给孩子吃对大脑有益的食物，不给孩子吃对大脑有害的食物。什么食物对大脑有害？我认为甜食对大脑有害。这是我自身的体会。我能一个人写《童话大王》月刊三十三年，我认为和我远离甜食有关系，和我只喝白水也有关系。我只喝烧开的自来水，我每天不停地小口喝水。

我让我的女儿也养成这样的饮食习惯，远离甜食，只喝白水，吃白水煮鸡蛋，吃白肉，吃海鱼，只吃橄榄油和亚麻籽油，不吃香肠等加工过的食品，不吃披萨饼等洋垃圾快餐。每天吃十种以上蔬菜。吃少量坚果。我认为，这样的食物结构，和孩子的学习成绩也有关系。反正我是吃着这样的食物一个人把《童话大王》月刊写了三十三年的。这样的饮水和饮食习惯，能让人很少生病。不生病，就等于比别人多出了时间，不管干什么，尤其是在校学习，就占了先机。

让孩子养成保持口腔卫生的习惯也很重要。我的女儿每次进食后都刷牙。我就是这样，外出都带着牙具和牙线。

2018 年 3 月 22 日，我到台湾台中市一所位于农村的小学讲课。一件事给我触动挺大。我和学生们共进午餐后，拿出随身携带的牙具到水池子旁刷牙，我忽然发现我的两侧全是刷牙的小学生。场面壮观。我一问，才知道台湾小学生在学校用餐后被老师"强制"刷牙，这个强制要打引号。我认为，学校强制小学生刷牙，比学知识还重要。

知识更新的速度非常快，而牙齿更新的速度很慢，甚至在人的一生中只更新一次，与人不离不弃。对于不离不弃的东西，当然要极度重视。

2012 年 2 月，日本政府邀请我到日本考察日本教育。2012 年 2 月 22 日，我到仙台荒浜小学和孩子们交流。当时班上一位叫樱花的女生告诉我，她妈妈小时候是我的读者，她妈妈是中国人，让她送给我一盒寿司。我随身只带了一本我的书，我准备将这本书回赠给樱花。日本小学校长小声对我说，不可以当着全班同学只送给一位学生礼物。我认为校长说得对。作为教育者，要时刻想到所有孩子的感受。我就将这本书题词后送给了全班学生。

在日本，我发现，所有公立学校硬件设施条件都一样，而且越是农村的学校，由于物价便宜，硬件设施条件越好。公立学校的建设资金来自税收，所有公立学校条件都应该一样。孩子在条件都一样的公立学校上学，拼的就是家庭教育了。

说到家庭教育，我将女儿培养成学霸的最大秘诀是，作为父亲，在女儿上中小学的十二年间，我从来没有对女儿说过你要努力，我只对自己说，郑渊洁，你要努力。

图／郑渊洁在日本仙台荒浜小学和孩子们交流

作为父亲，在女儿上中小学的十二年间，

我从来没有对女儿说过你要努力，

我只对自己说，郑渊洁，你要努力。

——郑渊洁

第 *40* 课

高三毕业全年级第一

这节课是《郑渊洁家庭教育课》第40课，也是《郑渊洁家庭教育课》最后一课。这节课结束时，我就要和大家说再见了。看到那么多家长告诉我他们喜欢我的家庭教育课，我也不愿意和大家分别。为了表示我对大家的支持的感谢，最后一节《郑渊洁家庭教育课》会是超长时间的一节课，大家做好严重拖堂的心理准备。《郑渊洁家庭教育课》最后一课，我要说到说不动了才下课。

《郑渊洁家庭教育课》用四十节课从学龄前孩子一直说到了高三毕业。高三毕业时，绝大多数孩子都十八岁了，十八岁就是法定成年人，孩子成为和父母一样的完全行为能力人，孩子就不需要监护人的监护了。可以说，从孩子十八岁开始，监护人对未成年孩子的家庭教育结束，之后，就是家风影响了。

我在《郑渊洁家庭教育课》第四单元开始时说了，当我意识到我的女儿极其向往到学校上学时，我就决定将女儿培养成学霸。我为女儿制定的在学校学习的目标是高三毕业时学习成绩全年级第一。

当女儿进入高三时，她的成绩已经稳居第一，我们要做的事，就是直到高三毕业时，特别是 IB 考试成绩，全年级第一。打个比方，如果将孩子的十二年中小学学习生涯形容为一次远程飞行，高三获得全年级第一就是完美着陆。

我在十五岁至二十岁时维修歼六战斗机，我对飞机有一定的了解。我在做事时，常常爱拿所做之事和飞机进行联想。飞机着陆时，对于飞机的重量有要求，如果飞机着陆时飞机的体重超重，就使得飞机着陆的风险加大，造成硬着陆而不是软着陆。硬着陆换句话说，就是可能机毁人亡。

飞机起飞前，会对航程有预估。打个比方，一架飞机从北京起飞，目的地是广州，地勤人员会根据飞机的航程给飞机加与其航程匹配的煤油，注意，飞机不是烧汽油，也不是柴油，而是烧煤油，这是由于煤油的辛烷值适合航空器。

作为家长对孩子进行家庭教育，可以从汽车为什么烧汽油、飞机为什么烧煤油、内燃机火车为什么烧柴油获得启发，再清楚自己的孩子是飞机还是汽车还是火车，再根据的孩子的特点为其选择匹配的燃油，也就是匹配的家庭教育。

言归正传，刚才说了，飞机着陆时体重不能超重，体重超重会影响着陆的安全。您可能会问，难道飞机在空中还会自己胖了？飞机起飞时的安全重量和飞机着陆时的安全重量不是一个重量，着陆重量大大低于起飞时的重量。地勤人员给飞机加油时，会根据航程计算油量，让飞机着陆时，飞机上的剩余煤油数量符合安全着陆的飞机体重要求。

2018 年 3 月 23 日，上海一家航空公司的一架飞机从上海飞往美国纽约，

和孩子相处，您说的每句话做的每一件

事都要慎之又慎三思而后行。

——郑渊洁

飞机在飞行中一名乘客突发急病，有生命危险，机组决定提前在阿拉斯加安克雷奇机场着陆。但是这架飞机由于煤油还没有烧多少，飞机的重量二百八十二吨，超过了波音777安全着陆的重量，于是飞机空中放油三十吨后，顺利在阿拉斯加着陆，那位乘客获救。

如果将高三毕业时成绩全年级第一比喻成为飞机安全着陆，那么，飞机着陆时的重量就成为关键。如果超重，要让孩子像刚才那架波音777一样，放油，轻松着陆。重要考试前孩子不能有压力，所有的劲儿都应该在考试很久之前使。考试之前要放松放油，在着陆前保证符合软着陆的重量，大考着陆时刻，要轻装上阵，此时靠的是身怀绝技的实力和孤独求败俯视芸芸众生的心态。

在高三整个阶段，我的女儿给自己安排了大量和考试无关的事情，比如参加戏剧演出、比如筹办画展、比如参加全球国际学校排球联赛、比如到世界各地旅游。

我的体会是，想让孩子成为学霸，首先要让孩子成为掌控时间的高手。我接触过不少成功人士，我观察他们，无一例外都是掌控时间的高手。既然我在女儿上小学之前就决定将她培养成学霸，我就从女儿上小学起培养她掌控时间的本领。能掌控时间的人，都自律。我是怎么培养女儿有了超级掌控时间的本领的呢？还是身教。我将我是如何掌控时间的，演示给女儿看。下面是我在2017年3月26日给女儿写的教育日记的片段：

不少父母管孩子。我也喜欢"管"。但我不喜欢管人，尤其是管孩子，我喜欢管时间。换句话说，管理时间。我还喜欢让我的孩子学会管时间。

女儿在很小的时候就问我，老爸你一个人写《童话大王》月刊这么多年，而且还没结束，还在写。你是怎么做到的？我说我会管理时间，我是自己的时间的总统。

表面看，我一个人写一本月刊写了三十二年，我应该是世界上最忙的人之一。可实际上，我是世界上最闲的人之一。

时间对每个人是一样的长度，一个小时都是六十分钟。其实不然。如果你会管时间，能将一个小时变成一百二十分钟。作为家长，通过身教教会自己的孩子管理时间，孩子将来就会卓尔不群，出类拔萃。

看看我昨天是怎么通过身教对孩子进行管理时间的培训的。昨天是 2017 年 3 月 25 日。

2017 年 3 月 25 日凌晨四点十七分，我起床写作至六点三十分。

我从 1986 年开始，每天清晨四点半起床写作到六点半，三十一年来天天如此，雷打不动。我在每天清晨就完成了当天给《童话大王》月刊写稿的工作量。白天，我就成为了世界上最清闲的人。

写作完毕后，我吃早饭。2017 年 3 月 25 日我的早饭的内容有娃娃菜、菠菜、三文鱼、煮鸡蛋、腰果、松子、核桃、南瓜子、开心果、奶酪。我早上还会喝一杯由多种蔬果榨成的果汁。昨天我喝的果汁由苹果、梨、橙子、生姜、甜菜根、猕猴桃制成。

我认为早饭相当重要。我还认为，我给女儿吃了这样的早餐后，女儿的记忆力明显提升。过目不忘。

我在早餐后散步三十分钟。之后是一小时阅读时间。看的是韩愈的《进学解》。

上午，我陪孙女到北京自然博物馆参观。

从自然博物馆回来，我和八十五岁的妈妈刘效坤下了会儿跳棋。我小时候，妈妈常和我下跳棋。

我的午饭是由九种蔬菜和少量米饭制成的郑氏蔬菜饭。昨天的郑氏蔬菜饭由橄榄油、菜花、胡萝卜、荷兰豆、藕、秋葵、洋葱、蘑菇、玉米、豌豆、大米、小米、荞麦、羊肉等构成。汤是蕃茄南瓜奶油汤。我还喝了点儿酸奶。

午饭后，我和86岁的爸爸郑洪升一起散步三十分钟。我们边散步边聊天。这时天上过了一架飞机，我告诉爸爸，这就是波音787，父亲不抬头看。我问父亲为什么不看飞机，父亲说，他怕他一看，我就给他买了。爸爸说，他发现只要他和我妈对什么有兴趣，我马上就买给父母。

下午，我应邀到中国顶级小提琴家薛伟家做客，欣赏薛伟演奏小提琴。薛伟家高朋满座。

薛伟是在国际上享有盛誉的小提琴演奏家，他在25岁时被英国皇家音乐学院聘为教授，成为该院有史以来最年轻的教授。薛伟在世界各地举办过上千场演奏会。他在国内的小提琴演奏会，一票难求。

晚上，我应邀和女儿到保利剧院观看赖声川导演、蓝天野和李立群出演的话剧《冬之旅》。

这部戏由蓝天野和李立群两个人演。我将蓝天野称为戏神。蓝天野已经九十一岁了，还能演出两个小时的话剧。演出结束后，我和女儿同蓝天野李立群见面，祝贺两位演出成功。

这就是我在2017年3月25日的一天。

作为家长，要通过身教让自己的孩子成为善于管辖时间的人。

关于时间，我的另一个体会是：越忙越能掌控时间，越闲越被时间掌控。

于是我的女儿在高三阶段就给自己安排了大量与考试无关的事情。女儿也知道，越忙，效率越高。越闲，效率越低。孩子如果学会掌控时间，还有一个好处，就是孩子做事会有目标计划。我在为女儿写的教育日记里多次提到，我发现女儿做事有目标，有计划。女儿像我一样，墙上贴满了要办的事，做完一件勾销一件。我给女儿房间墙上贴的办事的纸条阵容拍过照，这张照片贴在我为女儿写的教育日记的日记本里，那张照片极其壮观。我在照片旁写了如下的字：女儿和我太像了，学霸做事都有计划。我也是学霸，自学的学霸。

还有一件重要的事，我认为作为家长，也要通过身教教育孩子，这就是不管做什么事，都掌握好度。适可而止是人生高境界。如果孩子从小养成不管干什么都适可而止的习惯，将终生受益。不管什么事，最怕没完没了。停不下来是世界上最可怕的事之一。

我常给女儿讲一个故事。我告诉女儿，据说清朝的皇帝吃饭时，很多人端着各种菜肴伺候皇帝。皇帝呢，再好吃再可口的菜肴，也不会吃超过三口，为什么呢？皇帝的祖训要求皇帝再好的饭菜只吃三口之内，这是为了防范别人给皇帝下毒。过去的毒药，可能不超过三口死不了。虽然皇帝是为了防范别人下毒吃东西不超过三口，但是这件事给了我启发，让我知道，做事有度对安全有利。

近日美国洛杉矶法院判决咖啡销售者要在咖啡外包装明显位置向消费者标明咖啡含有致癌物丙烯酰胺，标明喝咖啡得癌症的可能。尽管咖啡可能致

图 / 郑渊洁和孙女在北京自然博物馆

想让孩子成为学霸，首先要让孩子

成为掌控时间的高手。

——郑渊洁

图 / 郑渊洁为玉树地震灾区捐款一百万

获得幸福感只有一个渠道：不求回报地
帮助素不相识的陌生人。

——郑渊洁

癌，但是如果我们像清朝的皇帝进食那样掌握好度，比如每个星期只喝一小杯咖啡，我认为就不会致癌。让孩子从小养成做事有度的习惯，孩子会受益终生。

我认为，让孩子从小养成做任何事都有度的习惯，是比孩子获得任何知识都重要的事。

和各位家长分享一个我的人生感悟：我年轻时走路是往前看，现在我走路时，是往脚下看。我认为家长走自己的人生路时要往前，教育孩子时，要往下看，就是从孩子的角度看。

确保女儿在高三拿第一，以及女儿在整个高中时期保持领先，还有一件重要的事，就是要确保女儿最要好的同学朋友都是学霸级的孩子。如果孩子和同学之间的聊天话题是学习范畴的事，孩子很难不成为学霸。孩子最要好的同学朋友是什么样的人，和孩子的考试成绩关系很大。

咱们做个穿越假设，如果您的孩子和学渣郑渊洁是小学同学，而且是班上最要好的朋友，您的孩子学习成绩应该不会特别好。这就是近墨者黑的道理。您如果想让孩子成为学霸，应该设法让孩子和学霸交朋友。如果您的孩子和学渣是朋友，他儿时的朋友可能是郑渊洁。正如我在作品说过的那句话：世界上的所有事情，都是好坏各占一半。

让孩子拥有处理信息的本领对于考试成绩也很重要，孩子考试时，就是一个调集各种信息筛选各种信息指挥各种信息选择各种信息使用各种信息的过程。

我在给女儿写的教育日记里有如下记载：女儿多次对我说，我在皮皮鲁讲堂当着女儿讲的一节课，对女儿学会处理信息很有用。

证　书

郑渊洁先生：

　　感谢您为玉树地震灾区捐赠人民币壹佰万元整，为慈善事业做出贡献。

　　特颁此证

中华慈善总会
二〇一〇年四月十九日

图 / 郑渊洁为玉树地震灾区捐款一百万

追求名牌不如把自己打造成名牌。

——郑渊洁

我那节课是这样讲的：我的一个小读者长大了，他现在是医生，肠癌专家，他告诉我，得直肠癌的人中，两天以上大便一次的人比较多。如果让你现在手里拿着粪便，你肯定不干。但是如果你肚子里有粪便，你就不在意。你肚子里的粪便是挨着你的肠壁的，如果不是每天大便一次，你肚子里的粪便就腐蚀肠壁，时间长了，这个地方就可能发生癌变。所以一定要让孩子养成每天大便一次的好习惯。

我们知道，买房子不要挨着化粪池。我们在家上厕所用的是冲水马桶，上完厕所用水一冲，粪便去哪儿了？化粪池。有时候我们家里反味。这是因为物业应该一个月租一辆抽粪车把化粪池里的粪便抽出来，运给农民当肥料种出绿色食品。但是有的物业公司为了省钱，可能好几个月没租车抽化粪池，里面的粪便越来越多，最后家里就反味了。如果你不每天大便一次，是不是就把自己变成化粪池了？有时候嘴里有味，以为是没刷牙，其实不是，那是您由于不是每天大便一次自己的肚子成了化粪池，嘴里的味是自己身上的化粪池在反味。

现在信息特别多，很多信息到我们的大脑里，我们把有用的信息留下，没用的信息就要排除掉。如果不排除掉，就把脑子变成化粪池了，这更可怕了。

作为父母，要通过身教给孩子演示如何留下有用的信息，抛弃没用的信息。不让大脑成为化粪池。如果孩子学会处理信息，她就会在考试时达到如入无人之境的境界。

我的女儿高三时学习成绩全年级第一还有一个因素，我的女儿特别能写，她写文章洋洋洒洒有说不完的话。

我在 2014 年 10 月 14 日为女儿写的教育日记有如下记载：10 月 8 日人

文老师留了一篇论文的作业，要求同学们 13 日交论文。身为学校排球队员的女儿 9 日到 12 日到香港参加全球国际学校排球大赛。13 日女儿返回北京到学校上学，这时人文老师要求同学们交那篇论文，包括去香港参赛的同学也要交，很多同学没写完。女儿立刻交了。老师吃惊地问我女儿什么时候写的，女儿说在香港比赛休息时在赛场边坐在地上写的。这篇作文因为质量高还被老师给了全班最高分。

我的女儿是 2015 年国际青少年微电影大赛最佳编剧奖获得者，这个赛事是由美国纽约电影学院和青少年国际竞赛与交流中心（ITCCC）联合主办的。

还有一件事对女儿影响也大。

我们经常可以看到国际权威机构公布的全球幸福感指数国际排名。可见幸福感是不同国家人们的共同追求。我二十二岁时选择写作谋生，我的最高追求也是幸福感，我希望通过写作，让自己成为一个幸福的人。

然而我写作到第三十一年时，全然没有感受到幸福，只有成就感。我为此苦闷，我想，我已经写了千万字的作品，书刊印数数以亿计，怎么只有成就感没有幸福感呢？

在我写作的第三十一年，2008 年 5 月，汶川发生强烈地震。当天儿子郑亚旗给我打电话。

他说："郑渊洁你应该向汶川灾区的孩子们捐款。"

我说："为什么？"

儿子说："汶川地震发生在上课的时候，有不少孩子遇到灾难。他们买过你的书，现在需要你的帮助。"

我说："怎么捐？捐到哪？"

郑亚旗说："捐到最正规的中华慈善总会吧。"

我说："你能确保捐款用于帮助灾区的孩子？"

郑亚旗说："应该能保证吧。如果你担心捐款不能用于帮助灾区的孩子，你再另给灾区的孩子们买干脆面送去。那里现在需要即食食品。"

我问："捐多少。"

郑亚旗说："你的书在中国作家中销量靠前，你的捐款数量至少应该是中国作家捐款的总和。"

汶川地震，我用稿费向灾区的孩子捐款三十多万元，此外还为灾区的孩子买了五万元的干脆面。

我除了稿费没有其他收入。我的钱都是一个字一个字写出来的。说实话，捐这么多钱，我有点儿心疼。我征求女儿的意见，女儿坚决支持。奇特的事情发生了。捐款后，我期待了三十一年的幸福感从天而降。我这才明白，获得幸福感只有一个渠道：不求回报地帮助素不相识的陌生人。

玉树地震时，郑亚旗又给我打电话"劝捐"。我说这次不用你动员了，我问他中国作家的捐款总和是多少，他说八万元。我向玉树灾区的孩子捐款一百万元。幸福感再次从天而降。向汶川和玉树地震灾区的孩子捐款一百多万元后，我获得了从来没有过的幸福感，为此我感谢儿子的提议和女儿的支持，作为父亲，我这才明白，有了孩子才幸福这句话的真正含义。国家民政部为此授予我中华慈善楷模称号。

需要说明的是，我只用自己的钱做慈善，经历了一些事情后，我发现如今打着公益的旗号为自己和小团体谋私利的人和机构越来越多，从我经历的事情看，占到了百分之九十。以至于我的助理现在接到活动邀请时，只要对方声称是"公益"活动，立刻警觉。

我为女儿写的教育日记记载了我向汶川和玉树地震灾区的孩子们捐款一百多万元后，女儿的变化。女儿从我捐款以后，不知为什么，她开始对名牌服饰敬而远之，使用的手机和电脑也是不到用坏了不会更换。我女儿现在使用的手机，在她的同龄人中，应该已经很少见，属于古董级别的了。

我在作品里有一句话：追求名牌不如把自己打造成名牌。

我在家里常说一句话：儿子只管到十八，女儿要管到八十。我没想到女儿不赞同我这句话，她多次表示，女儿也要只管到十八。女儿还拿出了行动，她从高一开始向学校申请奖学金。女儿所在的学校，学生可以申请奖学金。奖学金分全额奖学金和部分奖学金。学生获得奖学金的条件是品学兼优，并且需要所有教师投票通过。

我的女儿在高三阶段共获得三十六万多元人民币的奖学金，我在为女儿写的教育日记里对此有详细记载。当我第一次听到女儿申请奖学金时，我真的非常吃惊。和女儿交谈后，我才知道这是我的"儿子只管到十八，女儿要管到八十"那句话惹的"祸"。女儿告诉我，她要用这些奖学金作为去美国上大学第一年的基本费用，因为那时她已经是十八岁了。

我 2007 年 1 月在为女儿写的教育日记里记载的另一件事对于女儿决定在十八岁要经济自立也有推动作用。2007 年 1 月 10 日，在北京的一个拍卖会上，一本有我亲笔签名的原价两毛八分钱的《童话大王》杂志创刊号，拍卖出十万元天价。

出资十万元买这本《童话大王》创刊号的是我昔日的一位小读者，他长

孩子的成长和长大后选择的职业，绝不会空穴来风，

一定是种瓜得瓜种豆得豆。

——郑渊洁

大后成为亿万富翁级别的成功企业家。他在拍卖现场告诉我，他小时候最幸福的事就是每个月拿省下的早餐钱到报刊亭等《童话大王》月刊。他花十万元买这本《童话大王》创刊号是为了送给三岁的女儿。

2018年3月25日我参观台湾故宫博物院，我感觉最珍贵的藏品是写在纸张上的文字，比如苏轼的，黄庭坚的，王羲之的，林则徐的。作为家长，要收藏好孩子写的画的任何纸张。一旦您的家庭教育成功了，您就可以拍卖这些价值连城的纸张和写在纸上的文字或涂鸦了。

在北京的高三学生申请美国大学，不少孩子和家长会选择中介帮忙。我的女儿在得知中介费高达二三十万元后，立刻放弃通过中介申请美国大学，女儿完全是靠自己申请美国大学。女儿被美国六所名牌大学同时录取。

儿子和女儿过了十八岁都不要我的经济支持了，作为父亲，我感到失落。好在还有孙女。不过前景不容乐观，我的孙女昨天对我说，爷爷，我十八岁时您多大？我说七十六岁。孙女说，我十八岁后，也不用您的钱了。我感觉，家庭环境确实能决定孩子的价值观。我现在的理想，就是再有一个孙辈，一个过了十八岁还花我的钱的孙辈。然而我清楚，前景不容乐观。家风能决定孩子的价值观。

刚才说到女儿不找中介，完全靠自己申请美国大学。申请书非常重要。大学招生人员凭申请书录取学生。没有这方面经验的女儿，问我有没有什么忠告。我这个小学肄业生更没有申请美国大学的经验。我给女儿讲了我的一个经历。我通过我的这个经历，告诉女儿，做事找到正确的切入口重要，事关成败。

我告诉女儿，1987年，我在北京市文联一家少儿期刊的编辑部供职。

1987 年 11 月，北京市文联上上下下都在议论本单位近期将进行改革开放后的第一次评职称。职称是有数量限制的，而全单位的人由于众所周知的原因都没有职称，竞争是残酷的。

一向对于初中以上各级文凭不屑一顾并将其拒之门外的我，自然对于职称丝毫不感兴趣，我决定不参加评职称。

1987 年 11 月 24 日，北京作家协会花钱组织作家住在位于北京大学西侧的畅春园饭店学习十三大文件，我和文联副书记赵先生同住 2005 房间。入睡前，我们聊到这次评职称的话题，我说我不参加。赵书记赞许说，郑渊洁你根本不需要职称。

获得了领导的首肯，我于是更将评职称置之度外。

12 月 17 日上午，我到编辑部上班。编辑部主任高先生说找我有事。我洗耳恭听。

"郑渊洁，你准备一下，参加文化补习考试。"主任对我说。

"参加什么考试？"一向对考试唯恐避之不及的我问。

"文化补习考试。"主任重复。

我想起了当年解放区的扫盲运动。

看到我一脸的诧异，编辑部主任说："马上要开始评职称了，没有大学文凭的人都要先参加文化补习考试，考试及格后就获得了报评助理编辑的资格。"

出版专业的职称是这样排列的：编审。副编审。编辑。助理编辑。其中编审相当于教授，副编审相当于副教授。编辑相当于讲师，助理编辑相当于助教。副编审以上属于高级职称，编辑属于中级职称，助理编辑属于初级职称。

我觉得受了侮辱，已经出版了十几本书的我参加文化补习考试及格后才有报评助理编辑的资格？

而我自己清楚我根本不可能及格，这就意味着我连报助理编辑的资格都没有。

"我不参加评职称。"我通知编辑部主任。

"不参加也得考试。将来正规了，没有大学文凭的人不能从事编辑工作。没有职称更不行。你还是参加考试吧。"编辑部主任奉劝我。

我才知道"惹不起躲得起"这次行不通了，这叫树欲静而风不止。

涉及到饭碗，问题就变得严峻了。在1987年，人们的衣食住行生老病死还要受"单位"的束缚，马虎不得。尽管如此，我耳边还是不断响起"士可杀不可辱"这句话。

次日上午我到一位朋友黄女士家送书稿。黄女士和丈夫薛先生夫妇俩都是某出版社的编辑，我向他们说了我的"文化补习考试"境遇。

"郑渊洁，你们单位这次评职称允许报的最高职称是什么？"黄女士问我。

"副编审。"我说。

"你就报副编审！依你的水平，当编审都富余。"黄女士对我说。

我笑了，说："这不是胡闹嘛，我必须通过考试才能获得报评助理编辑的资格，你让我直接报评副编审？开什么玩笑。我连初中文凭都没有。"

"你参与创办了那么多刊物，评副编审当之无愧。你就以小学学历报副编审，看他们拿你怎么办！"黄女士说。

"现在获得副编审职称的一般都是五十岁以上的人，郑渊洁才三十二岁，年龄也不行。"黄女士的丈夫薛先生提醒妻子别出馊主意。

"郑渊洁，听我的，你去报副编审。"黄女士一意孤行。

一个只有小学学历才当了六年编辑的三十二岁的人在中断了二十年职称评定工作后的首次恢复评职称时居然觊觎那屈指可数的几个令众多嗷嗷待哺的编辑老前辈垂涎欲滴的副编审名额，不是天方夜谭？事后证明，黄女士是有魄力和超级判断力的人，这样的人的家庭教育也会了得。黄女士的女儿小时候对我说，她长大了要当导演。她长大后，导演了电影《北京遇上西雅图》，她叫薛晓路。

言归正传，我对评职称没兴趣，但当时我对饭碗有兴趣。如果不涉及饭碗，我根本不会理睬评职称。事关饭碗，我也只能俗一回了。我离开黄女士家，赶到编辑部，我向编辑部主任要来评职称的规则手册研读。

规则很详细，详细到大学毕业后在编辑岗位工作了多少年的人能报编辑，工作了多少年的人能报副编审，我越看越泄气。当这样一行字闯入我的视野时，我才松了一口气。那行字是：有特殊贡献者不受上述条件限制。

我对编辑部主任说："我报副编审。"

主任以为我开玩笑，当他看出我是认真的时，他提醒我："可是你没有大学文凭呀！"

我将小册子上的那行字给他看。他不说话了。

"其实我本来不准备参加评职称的，既然你说我必须参加文化补习考试，我就只好报副编审了。报副编审就不用参加文化补习考试了吧？"我说。

"……那当然……"主任清楚副编审和文化补习考试是风马牛不相及的两件事。

我报评高级职称，在北京市文联算爆了冷门。人事部门的孟女士找我谈话，提醒我高级职称的评定不是本单位说了算，而是由北京市高级专业技术职务评审委员会评定，其人员由北京市科技干部局和出版专家组成。我说正因为不是本单位说了算，我才报副编审的。如果是本单位说了算，我就什么都不报了。

1988年1月4日，编辑部主任转发给我一张报评高级职称的表格。我就在编辑部的办公桌上填写表格。在最高学历一栏里，我一笔一划地写了"小学"两个字。

表格交上去几天后，编辑部主任通知我准备参加外语考试。他说评高级职称必须考一门外语。我向人事部门的孟女士咨询，我说我连二十六个英文字母都认不全，参加外语考试岂不太滑稽了吗？孟女士说，考虑到大家的外语水平，本次考试的分数只作为评高级职称的参考，还可以带字典。她劝我参加考试。

于是我在1988年1月13日上午生平第一次，肯定也是最后一次走进了英语考场，考场设在北京出版社。北京报刊界报评高级职称的人都来了。我的同桌考友是陈燕慈，女作家陈染之母。

考试题只有一道，将一小段英文译为中文。

听到这里，女儿笑。她说难怪她学英文，原来是遗传。老爸早年参加过英语考试。

我告诉女儿，我当时在英语考场自始至终仿佛置身在童话世界里。这的的确确是我最奇特的一次经历。看着一屋子年过半百的首都编坛宿将们（其中大都是各报刊的主编总编副主编副总编和编辑部主任副主任）面对蛮文两眼一摸黑的无可奈何表情和场面，我觉得我的童话实在算不上童话。在我们的生活中随便拍一张照片都比我的童话更童话。或者说童话都不敢这么写。

又一日，孟女士通知我，报评副编审需要有两位已经拥有副编审以上高级职称的人写推荐书。我翻通讯录，这才发现自己结交的大都是贩夫走卒。百里挑一好不容易找出了两位教授。2月10日上午，我给北京某名牌大学张教授打电话，请她和同校的浦教授为我写推荐书，两位教授爽快地联手帮我搞定了这件事。

此时此刻我的忍耐已经达到了极限。我对自己说，如果再需要办什么事才能评上副编审，我就退出评职称了。当时我正值创作旺盛时期，时间弥足珍贵。

1988年4月11日，文联开会宣布职称评定结果，有关人士向我颁发了一本由北京市人民政府印制的编号为"京出版000142"的《北京市专业技术职务证书》，证书上说：经高级专业技术职务评审委员会评审，符合任职条件，具备副编审任职资格。落款是北京市高级专业技术职务评审委员会，1988年3月14日。

这意味着我不会因为没有大学学历和职称而丢掉编辑的饭碗了。据说当时我是全国唯一的靠小学学历以三十二岁年龄评上副编审也就是副教授的人，可我并无自豪感，相反我却有"实在羞于穿一身绅士们才穿的穷要面子的衣服"的感觉。"实在羞于穿一身绅士们才穿的穷要面子的衣服"这句话不是我说的，是梵高说的。当时我就发誓今生今世再不参加评职称了。从那以后，我果然没再报评过。

我告诉女儿，我在1988年这次以三十二岁的年龄外加小学学历报评副编审高级职称之所以能成功，在于我在写申报材料时，书写了和报评副编审高级职称相匹配的正确信息。注意，这是报评副编审，提供的信息都应该是和编辑业务有关的信息，比如我参与创办过四本效益极好的刊物，其中两本刊物，我还是最重要的不可取代的创办者。如果我在报评副编审的材料中只写我写了多少作品，就没有用。我对写作只字未提。因为我不是参加报评作家的职称。

我告诉女儿，写申请信，找到匹配的切入点很重要。写求职信也是这样。

女儿没有找中介完全靠自己申请美国大学，被美国六所名牌大学同时录取，节省了几十万元中介费。更重要的是为自己的人生阅历增加了珍贵的经验和财富。

刚才说了，我们有些地方给作家也评职称，有一级作家二级作家之别。给作家评级，只能是读者的事，其他任何人没这个资格。倘若清朝给作家评职称，曹雪芹会被评为一级作家吗？我估计轮不上他，名额可能得先给太监。

说到评职称，我还经历过一个耐人寻味的和评职称有关的小故事，也许对家长的家庭教育有启发。

作品出版，一般会经历编辑的三道关：初审、二审和三审。有时候，审者是为了拿工资而提修改意见，总得说点儿什么。

我经历过这样一件事：

上个世纪九十年代初，我的一套书在某出版社出版。三审时，三审提出了若干修改意见。二审将三审的修改意见转给我。我一眼看出三审的修改意见属于"为了工资"，于是我将稿子请家父一个字未改重新誊写了一遍，寄给二审并说按三审要求全改了。三审并未核对，非常高兴。这套书顺利出版

我的爸爸妈妈从来没对我说过"你要听话"这句话，

我也从来没对我的孩子说过"听话"这句话。

——郑渊洁

印数直冲云霄。

数年后，我接到二审的信，问我是否保留了当年三审的修改意见，可否复印寄给她。我照办。事后才知道，那出版社评职称，只有一个副编审高级职称名额，那三审和二审殊死争夺。三审的撒手锏是二审当年编辑那套书时未看出许多应该修改之处，是俺三审火眼金睛看出然后郑渊洁乖乖修改该套书才有了今天的天文数字发行量，所以二审不具备获得高级职称的资格。而二审当年看出郑渊洁其实一字未改，于是向我索要当年的证据。我把证据寄给二审了，导致三审无地自容。评委会见两人争得你死我活，索性让二审三审在高级职称争夺战中双双落败，那个名额天上掉馅饼砸中出版社一位未参战的编辑。鹬蚌相争，渔翁得利的道理，家长应该尽可能让孩子明白。最好的规避办法是与人为善。

如果让我总结女儿的中小学十二年学校学习生涯，我认为有三逆。逆向的逆。这三逆是：逆反心理，逆向思维和逆袭。由于我总是在女儿学龄前时期对她说你不用上学，逆反心理让女儿无比喜欢上学；逆向思维是学习方法；小学和初二之前先跟跑，之后逆袭超越，高三夺冠。

我还认为九个条件决定了我的女儿高三毕业成绩第一：1、真心喜欢上学；2、有追功，开始不当领跑者，当跟跑者；3、大量阅读课外书；4、吃有益于大脑的食物，喝白水。十二年没病过，不请病假就提高了竞争力；5、喜欢体育；6、会掌控时间；7、当好老师和家长的单线联系人，真心尊重所有老师，包括不合格的老师；8、和学霸同学交朋友；9、掌握学习方法，比如逆向思维、比如迅速抓住重点等。

我认为，马拉松冠军获得者，最大的功臣是冠军本人。伴跑再出色，也是伴跑。我为女儿写的一百多万字的教育日记，字里行间记录的全是女儿的勤奋和汗水。谢谢你，我的女儿。

我的爸爸妈妈生了三个孩子。我是老大，我有一个弟弟一个妹妹。在之前的《郑渊洁家庭教育课》里说了，我今天能成为作家，是因为我从小目睹父亲趴在小炕桌上看书写字。那么问题来了，我的弟弟妹妹也是天天看着父亲看书写字，他俩怎么没成为作家呢？

在我们小时候，我爸爸除了看书写字，他还养了一只鸽子。之前我说了，我的爷爷和姥爷都是中医，在我们家里，中医养生是永远的话题。我的弟弟长大后成为信鸽大王，他驯养的信鸽在中国很有名，是各级信鸽竞翔大赛的常胜将军。我的妹妹在医院从事中药工作。

我的儿子从小目睹我创办《童话大王》月刊的全过程，他在童年还为《童话大王》月刊画过插图。儿子还目睹我创办其他刊物的全过程，目睹我的作品出书的全过程。小时候我问郑亚旗长大干什么，他说当出版家。现在，对我儿子的社会评价是青年出版家。儿子将我原有的作品打乱了，根据读者的不同特点重新排列组合，我的书原来每年印行六十万册，他将这个数字变成了两千万册。

我的女儿目前对影视有浓厚兴趣，我观察，女儿的这个想法和兴趣可能源自拍摄《不走回头路》那幅照片，以及我写长篇小说《病菌集中营》的灵感来自女儿的一句话。

不同的孩子生活在同一个家庭里，会受到不同的影响。孩子的成长和长大后选择的职业，绝不会空穴来风，一定是种瓜得瓜种豆得豆。

我的助理现在递给我一张纸条，说有重要的事。这张纸条值得为大家念一下：

国家商标评审委员会 [2018] 第 0000037479 号裁决书。国家商标评审委员会裁决，"郑州皮皮鲁西餐厅"2004 年恶意抢注的第 3302660 号皮皮鲁商标无效。

宣告无效的理由是："皮皮鲁"是郑渊洁创作的童话作品中的主人公名称，具有较强独创性和显著性。第 3302660 号皮皮鲁商标注册人将其作为商标申请注册，其行为违背了诚实信用的社会主义公共道德准则，损害了原创者郑渊洁的合法权益，破坏了社会公序良俗，易使消费者对第 3302660 号皮皮鲁商标使用的"餐厅"等服务的出处产生误认并产生不良之社会影响。

国家工商行政管理总局商标评审委员会

关于第3302660号"皮皮鲁"商标
无效宣告请求裁定书

商评字[2018]第0000037479号

抱歉，这件事打断了我的讲课。我觉得这是件好事，说明我们国家对保护知识产权越来越重视。我觉得只有保护知识产权，国家才能真正强大。国家商标评审委员会能宣告"郑州皮皮鲁西餐厅"已经恶意抢注使用了十四年的第 3302660 号皮皮鲁商标无效，这是一个里程碑式的事件。

咱们继续讲课。这节课已经讲了一个多小时了。

每个孩子都有自己的特点，家庭教育不要人云亦云随波逐流，重要的是家长要动脑子，你的优势就是你的孩子是你的遗传基因，根据自己孩子的特点，或者换句话说，根据自己孩子的遗传基因，因人身教，注意，是因人身教，不是因人施教。家庭教育尽可能通过陪伴孩子近身教育，不要遥控。不要靠手机发信息指挥孩子。我认为电视机遥控器的发明对人类有害，我还认为电视机遥控器至少为人类增加了六百万吨体重。家庭教育不需要遥控器，需要陪伴，需要看得见的身教。

以下是我在 2017 年 5 月 27 日参加完女儿学校高三毕业典礼后写的教育日记：今天我和父亲郑洪升、儿子郑亚旗到钓鱼台国宾馆参加女儿的高三毕业典礼，我们三个小学生坐在台下，看着已经被美国六所名牌大学本科同时录取的盛装的亚飞在台上发言，真是感慨万千。我的眼前出现了女儿小学报名入学时，老师问她三加三等于几她摇头说不知道的场面。还有在学龄前时期不会一首古诗不会一句英语那个小女孩儿。

毕业典礼结束后，我老爸提议说，咱们四个学霸合一张影吧。于是，我们三位自学的学霸和学校的学霸合影。

有家长让我用一小段话概括我的家庭教育观。

我认为合格家长的标志是，把为家族创造荣耀的重担自己挑，给孩子构建一个轻松惬意的人生。不合格家长的标志是，把为家族创造荣耀的重担让孩子挑，自己则不思进取。我认为，对孩子进行家庭教育，作为父母，把劲儿往自己身上使，不要往孩子身上使劲儿。

感谢大家的掌声，没想到上家庭教育课也能返场。我就返场吧。我给大家念一篇我的童话，我觉得这篇童话和爸爸妈妈教育孩子，和家庭教育的观念有关系。这篇童话的名字叫《一棵树上百花齐放》，刊登在 2017 年 6 月号《童话大王》杂志上。这篇童话的灵感来自我的孙女。

《一棵树上百花齐放》

春天是这颗桃树很享受的季节。

桃树开花时,她感觉自己成为世界的中心,很多人到她身边欣赏她,目光不够用,就拍照回到家里继续看。很多蜜蜂光顾她。很多阳光笼罩她。很多雨滴留恋她。

这天下午,一位小孙女和爷爷来到桃树下。孙女对爷爷说,如果这棵树上能开不一样的花多好。

爷爷说,难度太大了。童话都不敢这么写。

孙女对桃树说,我觉得你行。你看上去和别的树不一样。

桃树还是头一次听见有人对她说话,而且是赞美。

桃树对小女孩儿说,明年的现在你来,我百花齐放给你看。

孙女说一言为定。

爷爷对孙女说,你和桃树聊完了?咱们回家。

孙女告诉爷爷,这棵桃树答应她,明年百花齐放。

爷爷说,当然百花齐放,现在她就不止百花。

孙女说,是不一样的花百花齐放,有桃花,有樱花,有百合花,有迎春花,有丁香花,有枣花,有海棠花。

爷爷说,这个想法好。

从这天起,桃树开始努力。她要脱胎换骨,她要包容,她要兼收并蓄,她要创新,她要与众不同。

第二年的春天，孙女和爷爷来到桃树下，他们看到桃树身上挂满种类完全不一样的各种花。

孙女对桃树说，谢谢你。

桃树对小女孩儿说，我应该谢你。是你的话让我想到改变。

（编者注：郑渊洁的女儿郑亚飞 2021 年以全优成绩本科毕业于美国加州大学洛杉矶分校 UCLA，获得拉丁文学位荣誉。）

后记

郑洪升：郑渊洁童话创作四十年鲜为人知的事儿

我是郑渊洁的爸爸郑洪升。郑渊洁为我的三本书写过序言。我看了《郑渊洁家庭教育课》后，我也有话想对读者说，毕竟在郑渊洁写作童话的这四十年间，我是为数不多的能近距离接触他的人之一。郑渊洁同意了，他将我的这段文字作为后记放在这本书的后面。

2018 年 5 月 30 日是郑渊洁童话创作四十周年纪念日。为了纪念童话创作四十周年，郑渊洁开了《郑渊洁家庭教育课》四十课，我在这里披露郑渊洁童话创作四十周年鲜为人知的事儿。

1978 年 4 月，身为工人的郑渊洁写了他平生第一篇童话作品，这篇童话作品是一首寓言童话诗——《壁虎和蝙蝠》。从来没写过童话的郑渊洁，在工厂阅览室里看到一本儿童期刊《向阳花》。郑渊洁就将他的童话处女作寄到了位于郑州的河南人民出版社的《向阳花》杂志。

《向阳花》杂志的编辑叫于友先。当时于友先的母亲患病住院，于友先在医院照料母亲。他每天去出版社将自然来稿带到医院审阅。于友先在母亲的病榻前看了郑渊洁的《壁虎和蝙蝠》，他认为写得好，决定采用。于友先

就在病房里给郑渊洁手写了采用通知。郑渊洁收到采用通知的日期是1978年5月30日。郑渊洁受到鼓舞，从此写童话一发而不可收。

四十年来，郑渊洁创作了近两千万字的童话作品，目前他有三百二十九种图书出版发行，他一个人将《童话大王》月刊写了三十三年。截至今天，《童话大王》已出刊四百五十三期，总印数超过两亿册。《童话大王》月刊总印数和郑渊洁童话图书总印数相加已超过三亿册。2008年，联合国世界知识产权组织向郑渊洁颁发"国际版权创意金奖"，表彰他原创了众多文学作品。

后来，于友先从河南郑州的《向阳花》杂志编辑，成长为中华人民共和国新闻出版署署长。

在郑渊洁童话创作四十周年纪念日的前三天（2018年5月27日），郑渊洁和于友先再次见面，两人感慨万千。

郑渊洁能写童话四十年，还有一个重要原因。

郑渊洁只上过四年小学。1962至1966年，郑渊洁在北京马甸小学就读（马甸小学现更名为北京市海淀区民族小学）。"文革"发生后，郑渊洁随父母

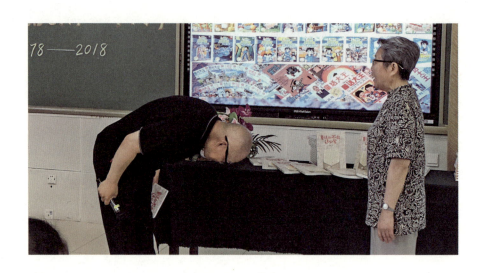

到河南农村五七干校生活。渊洁的最高学历是小学四年级。上小学二年级时，郑渊洁的一篇作文《我长大了当淘粪工》被班主任赵俐老师推荐到学校的《优秀作文选》上刊登，郑渊洁受到鼓励，从此爱上写作。

2018 年 5 月 30 日，"郑渊洁童话创作四十周年"纪念会在北京海淀区民族小学四（6）班（郑渊洁当年就读的班级）举行。郑渊洁作题为《四年和四十年》的演讲。

赵俐老师和郑渊洁重温了五十五年前赵俐老师将郑渊洁的作文推荐到学校校刊上刊登的情景。郑渊洁向赵俐老师鞠躬致谢，感谢赵老师在五十五年前将他的作文《我长大了当淘粪工》推荐到学校的校刊上刊登，让他从此拥有了写作的自信。

郑渊洁能写童话四十年，我认为还有一个重要原因。

1986 年 5 月 5 日，郑渊洁到山东烟台参加一个会议。一位南方少儿出版社的编辑对郑渊洁说，我们出版社新来了一位社长，和您一样也当过兵，我可以将您引荐给他吗？于是，郑渊洁和那位社长见了面。社长很有抱负，想将这家南方的小出版社奋斗成有业绩的出版社，他让郑渊洁给他出主意。

郑渊洁说，他认为现在一些年轻作者有前途，但是不被重视，出书难。郑渊洁建议这位社长扶植一批年轻儿童文学作者。社长说："你能给我开一个你认为有前途的年轻作者的名单吗？"郑渊洁就为社长开出了他认为有潜力的十六人的青年儿童文学作者名单。郑渊洁建议社长给这些年轻作者出三本合集图书，分别是童话卷、小说卷和诗歌卷。郑渊洁对社长说："我来主编童话卷。"社长很高兴，当时郑渊洁在童话创作领域已经颇有名气，只刊登郑渊洁一个人作品的《童话大王》杂志已经创刊一年。

社长对郑渊洁说，你可以向我推荐小说卷和诗歌卷的主编吗？郑渊洁向社长推荐了诗歌卷和小说卷的主编人选。郑渊洁还向社长建议，出版社可以邀请这十六名青年儿童文学作者到出版社所在地的一座山上，组成编委会，一起商议编纂这三本书。社长接受了这个建议。

令人始料未及的事情发生了，社长和郑渊洁向他推荐的青年作者见面后，郑渊洁推荐的小说卷主编xxx对社长说，郑渊洁只是个工人，才疏学浅，没有创作潜力，不能出任童话卷主编。xxx向社长推荐一个从来没有写过童话的大学刚毕业的女生xx当童话卷的主编。社长采纳了xxx的建议，由那个大学毕业不久没写过一篇童话的女生取代已经在童话创作领域颇有影响的郑渊洁成为童话卷的主编。更令人遗憾的是，社长没有将这个信息提前向郑渊洁通报。几个月后，青年作者们到山上开编纂会时，主办者突然在会上宣布丛书的童话卷主编易人，由那名从来没有写过童话的女生取代郑渊洁。

郑渊洁在自己提议实施的活动中被自己推荐的xxx排挤打压，且变动期间没有任何协商沟通，这样的事违背了他的做人准则，与他的价值观严重冲突。为了顾全大局，下山后，郑渊洁才发声明退出这套丛书的编委会，并从此不再和他们来往。1986 年 10 月 10 日，郑渊洁电话通知那套丛书童话卷的主编 xx，不授权那本童话卷使用他的童话。郑渊洁在 1986 年 10 月 10 日的日记中有如下记载：晨写用于 1987 年第 1 期《童话大王》的中篇童话《红塔乐园》。下午给 xx 打电话，通知从 xx 儿童文学丛书童话卷撤下我的童话。

那份"郑渊洁退出 xx 儿童文学丛书的声明"，是在 1986 年 10 月 24 日用老式铅字打印机打印的。其中的一张，被郑渊洁装进镜框，现在还挂在家里。

这件事情对郑渊洁的激励作用非常大。从 1986 年 10 月中旬起，郑渊洁将 xxx 的名字一直贴在他写字台前方的墙上。郑渊洁写了近两千万字作品，他不抽烟、不喝茶、不喝咖啡，全凭这个名字提神醒脑。我多次对郑渊洁说，把那个人的名字从写字台前拿下来吧，我看着别扭。但郑渊洁执意不肯，一直贴到现在。郑渊洁告诉我，他能够一个人写《童话大王》月刊三十三年、写童话四十年，这是最大的动力。

我想起了那句话：要想成功，得有朋友。要想特别成功，得有敌人。

这两天我和郑渊洁交谈时，他告诉我，工人不一定没出息，工人也可以通过奋斗实现梦想。郑渊洁有两位都是 1955 年出生的同龄工人朋友，一位在四十年前是矿工，曾经参加高考三年都落榜，后来他通过奋斗成为国家外文局局长，他叫周明伟。郑渊洁的另一位工人朋友四十年前是北京燕山石化的电焊工，他通过奋斗成为外交部气候变化谈判大使，他叫高风。高风是全球气候变化谈判领域重量级人物。

以我的观察，三件事情决定了郑渊洁写童话四十年。第一件事是赵俐老师在 1963 年将郑渊洁的作文推荐到校刊上刊登，第二件事是于友先在 1978 年给郑渊洁发表了童话处女作，第三件事是我刚才说的最后一件事情。

老夫认为，第三件事动力最大。

郑渊洁童话创作四十年，还有一件事给我留下深刻印象。刚才说了，郑渊洁的第一首童话诗在 1978 年由于友先编辑发表。郑渊洁的第一篇文字童话《黑黑在诚实岛》在 1979 年经由岑推荐发表。

2001 年，由岑在美国病逝，郑渊洁为由岑在北京购置了豪华墓地。由岑的先生嘱郑渊洁在墓碑的背面书写碑文。郑渊洁写道：

古道热肠

伯乐风范

由岑安息

郑渊洁携皮皮鲁、鲁西西敬祭

郑渊洁在作品里有这样一句话：记住帮助过你的人，忘记你帮助过的人。

其实，郑渊洁何止记住帮助过他的人，他连帮助过他的东西也要善待。郑渊洁使用过的汽车，从来不会轻易淘汰，他觉得汽车也有生命，他写过《活车》。郑渊洁有一辆跟了他二十年的汽车，由于这个年龄的汽车每年要去验两次车，且除了周末都限行，郑渊洁不得不申请报废。在报废之前，郑渊洁花不少钱将那辆汽车车身上所有伤痕修饰喷漆。然后，他送这辆焕然一新的汽车去解体。我问郑渊洁为什么这样做。他说：它让我平安出行二十年，我要让它体面有尊严地上路。

郑渊洁当兵时维修的第一架歼六战机编号是 15 号。他在 1972 年 6 月由于另有任务和 15 号飞机分手时，掉了眼泪，依依不舍。

在郑渊洁眼里，不光所有人都应该受到尊重，所有东西也应该受到尊重。他在作品里还有一句话：人应该善待自己，善待自己的最好方法是善待别人。

郑洪升

2018 年 9 月 28 日写于北京

郑渊洁

◆ 中国著名童话作家，被称为"童话大王"。

◆ 郑渊洁一个人写《童话大王》月刊 36 年，书刊总销量超过 3 亿册，这是一项世界纪录。三次登顶中国作家榜，他是目前全球出版量名列前茅的中国作家。

◆ 联合国世界知识产权组织向他颁发"国际版权创意金奖"，表彰他创作了众多经典作品。郑渊洁笔下的皮皮鲁、鲁西西、大灰狼罗克、舒克和贝塔影响了中国数以亿计的三代孩子。

◆ 汶川和玉树地震后，郑渊洁用稿费向地震灾区的孩子捐款 150 万元，国家民政部授予郑渊洁"中华慈善楷模"称号。

◆ 2011 年，国家新闻出版总署、国家版权局和全国扫黄打非办授予郑渊洁国家反盗版形象大使称号。

◆ 郑渊洁的儿子郑亚旗读完小学后，由郑渊洁自编 400 万字家庭教材在家为其上课。郑亚旗现在是动画片导演。他导演的剧集动画片《舒克贝塔》收看量超过 100 亿，在中央电视台播出时收视率全国第一，荣获第 16 届国际动漫节金猴奖。2021 年国家广电总局授予郑亚旗优秀动画导演称号。郑亚旗导演 / 编剧的动画片院线大电影《舒克贝塔·五角飞碟》2024 年元旦上映，获得口碑票房双丰收。

◆ 郑渊洁的女儿郑亚飞 2017 年以全校第一名的成绩在北京高三毕业，被美国 6 所顶尖大学同时录取。2021 年她以全优成绩从加州大学洛杉矶分校（UCLA）本科毕业，获得拉丁文学位荣誉。现在已读完硕士。郑亚飞 2015 年获得由青少年国际竞赛与交流中心 (ITCCC) 和美国纽约电影学院联合主办的"国际青少年微电影大赛"最佳编剧奖。2024 年 8 月，郑亚飞导演 / 编剧 / 演出的舞台剧《火星上有工作吗？》在世界三大艺术节之首的英国爱丁堡国际艺术节连演 10 场，获得观众好评，获得媒体五星好评，荣获爱丁堡国际艺术节 ADHD 喜剧奖项提名奖。

图书在版编目（CIP）数据

郑渊洁家庭教育课 / 郑渊洁著. -- 天津：天津人
民出版社，2018.10（2025.8重印）
ISBN 978-7-201-14119-0

Ⅰ.①郑… Ⅱ.①郑… Ⅲ.①家庭教育 Ⅳ.①G78

中国版本图书馆CIP数据核字(2018)第210143号

郑渊洁家庭教育课
ZHENGYUANJIE JIATING JIAOYU KE

出　　版	天津人民出版社
出 版 人	刘锦泉
地　　址	天津市和平区西康路35号康岳大厦
邮政编码	300051
邮购电话	（022）23332469
电子信箱	reader@tjrmcbs.com

郑渊洁家庭教育课总策划　　郑亚旗
责任编辑　　张　璐
特约编辑　　张校博
装帧设计　　佟雪莹
内文首席摄影　　冯　艳
封面摄影　　郑亚旗

制版印刷	北京世纪恒宇印刷有限公司
发　　行	果麦文化传媒股份有限公司
开　　本	710毫米×960毫米　1/16
印　　张	21.5
印　　数	224,001-229,000
字　　数	195千字
版次印次	2018年10月第1版　2025年8月第23次印刷
定　　价	68.00元